独步天下
梅西传
LIONEL MESSI

冯逸明 / 主编

台海出版社

图书在版编目（CIP）数据

独步天下：梅西传 / 冯逸明主编 .--
北京：台海出版社，2022.5（2024.2 重印）
ISBN 978-7-5168-3273-8

Ⅰ.①独… Ⅱ.①冯… Ⅲ.①梅西—传记 Ⅳ.
① K837.835.47

中国版本图书馆 CIP 数据核字（2022）第 060818 号

独步天下：梅西传

主　　编：冯逸明

出 版 人：蔡　旭　　　　　　　　　封面设计：冯逸明　　牛　涛
责任编辑：员晓博

出版发行：台海出版社
地　　址：北京市东城区景山东街 20 号　邮政编码：100009
电　　话：010-64041652（发行，邮购）
传　　真：010-84045799（总编室）
网　　址：www.taimeng.org.cn/thcbs/default.htm
E — mail：thcbs@126.com

经　　销：全国各地新华书店
印　　刷：朗翔印刷（天津）有限公司
本书如有破损、缺页、装订错误，请与本社联系调换

开　　本：710 毫米 × 1000 毫米　　　1/16
字　　数：246 千字　　　　　　　　　印　　张：14
版　　次：2022 年 5 月第 1 版　　　　印　　次：2024 年 2 月第 4 次印刷
书　　号：ISBN 978-7-5168-3273-8

定　　价：59.00 元

梅 西 三 十 五 岁 特 别 纪 念

星海横流，岁月成碑。
时间不语，已铸传奇。

Lionel Messi

2022 年 6 月 24 日，梅西已年满 35 周岁了，也许他不再是横绝六合、华丽无双
的绿茵球王，甚至还告别了巴萨，但他已缔造了瑰丽无比的梅西传奇。

世事苍茫，在这里，当我们指尖划过书卷，眼前已是梅西打下的万里江山。

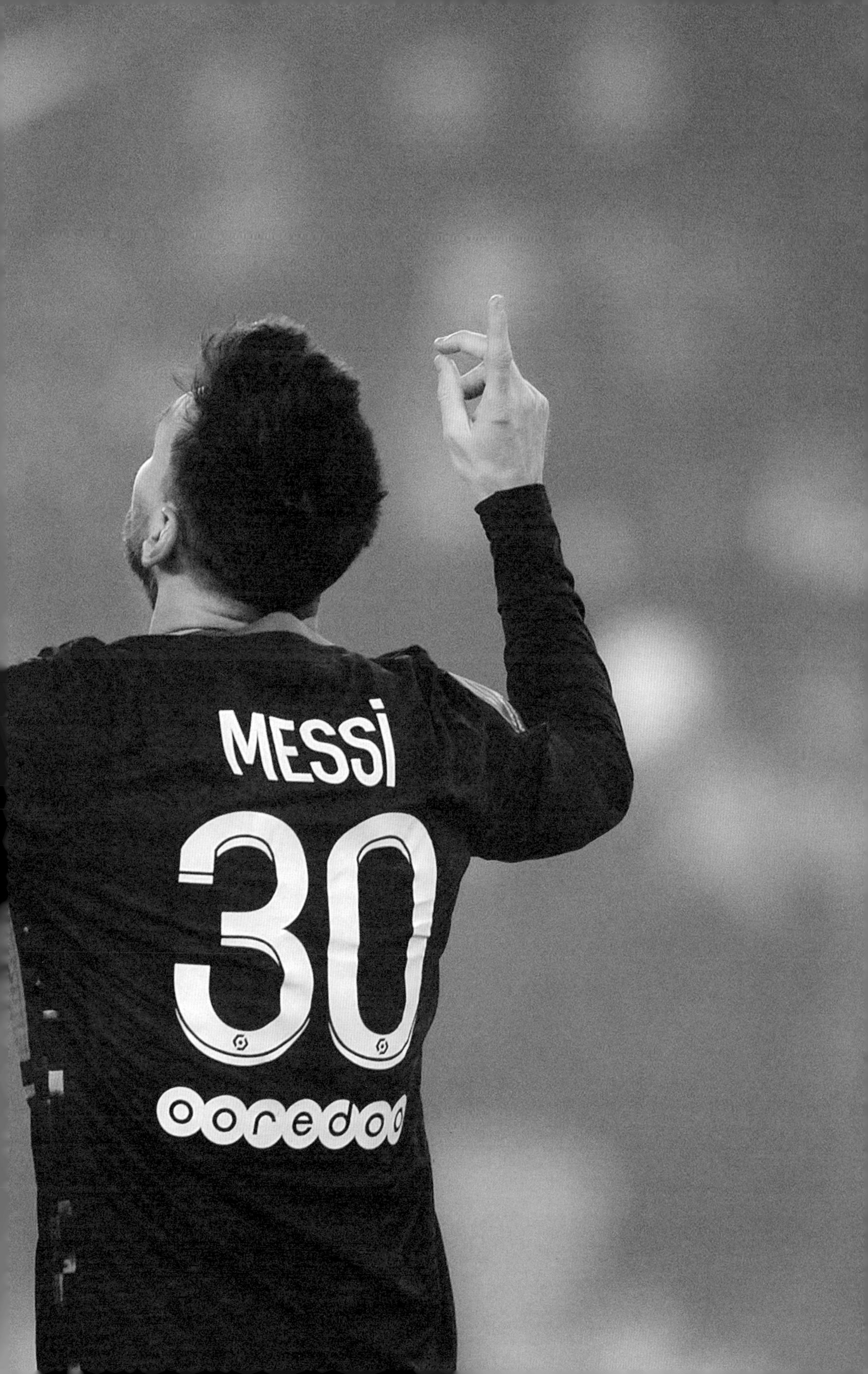
MESSI
30
ooredoo

一品四境

梅西晋级的四重境界

梅西三十五岁特别纪念卷首札记

《雪中悍刀行》中的一品四境，是指武道修炼达到一品后，逐级提升的四重境界。从金刚境到指玄境，再到天象境，最后入陆地神仙境，可谓一境一世界，形象而又准确地阐述了武道的层级与玄妙。

如今，回看35岁的梅西驰骋足坛的轨迹，恰如这四重境界，一路走来，皆有不同的际遇与修为。

● 文：穆东、西贝林3

金刚境

梅 西 20 岁

"金刚境"是指熬炼体魄，达到金刚不坏的至高体质。梅西就是天生的"金刚境"，虽然身材瘦小，但从足球角度来看却是天赋异禀。梅西从小就展露出非凡的足球天赋，瘦小的身材让他盘带时可以放低重心，达到人球合一的境界，能轻松过掉防守者。此外他还拥有卓越的球感，突破、传球、射门都堪称顶级，其速度、变向以及瞬间爆发力都无与伦比。当巴萨治好梅西的生长激素缺乏症后，似乎也解除了这位"旷世魔童"的封印，自此，梅西奔袭在诺坎普的星光大道上。

少年时期的梅西通过专业训练不断提高身体强度。不可否认，梅西在技术层面上已属顶级，但足球是对抗的运动，当身体与技术达到平衡时，梅西的威力才能尽情释放。

梅西在巴萨初期曾身披过 30 号、19 号战袍，那时的他还为能够站稳脚跟而打拼。在阿根廷队也是如此，2006 年德国世界杯只能替补出场。不过，这一切只是暂时情况。梅西在 20 岁时，已到达"大金刚境"的境界，对阵皇马他独中三元，之后又上演连过 6 名赫塔菲球员的大戏。22 岁时，梅西已率领巴萨六冠封王，并首次夺得金球奖。

青涩的梅西经历了"梦二"时期，之后他又带领巴萨成为横扫天下的"宇宙队"，开创了"六冠伟业"，创建了名动一时的"梦三王朝"。

2 指玄境
梅 西 25 岁

　　"指玄"是通过自身领悟的秘术沟通天地，调用气运之力，运用到足球上就是意识为先、调动团队。梅西在25岁时，不仅个人能力达到化境，还与巴萨全队融合得无比默契，善于调动团队之力的梅西昂首跨进"指玄境"。

　　梅西凭借卓越的足球智慧与技巧，笑傲绿茵场。他盘带时触球频率极快，球仿佛黏在脚上，突破对手时动作细腻而又流畅。他的人球结合能力、瞬间爆发能力以及急停变向能力都属于足坛顶级，远超对方防守能力的上限，这也是梅西独步天下的绝对利器。

　　有哈维、伊涅斯塔这样的传控大师来输送炮弹，梅西只需把球送入对方球门足矣。虽然之后哈维离去，巴萨少了运筹帷幄的中场调度核心，但随着内马尔、苏亚雷斯到来，巴萨的进攻火力又达到历史的峰值。2014/2015赛季，梅西、苏亚雷斯和内马尔联袂为巴萨打进122球（梅西进58球、苏亚雷斯进25球、内马尔进39球），欧洲最强三叉戟"MSN"组合威震天下，"梦四王朝"呼之欲出。

　　2014年巴西世界杯，梅西率领阿根廷队一路挺进决赛，并收获了世界杯金球奖，但阿根廷队最终还是输给德国队，与大力神杯擦肩而过，梅西遗憾地成为"无冕之王"。

3 天象境

梅 西 30 岁

"天象境"的真谛就是天人感应，与天地共鸣，可以借法天地。

三十而立，30 岁的梅西收获了作为职业球员的一切荣誉：5 个金球奖、4 个欧洲金靴、8 届西甲冠军、4 届欧冠冠军……但作为阿根廷队最佳球员，梅西还需要率队夺取国家至尊荣誉，来证明自己。而在国家队这方大天地中，若想成功，除了个人能力登峰造极之外，也需要几分天意。为了率领阿根廷队夺冠，刚过 30 岁的梅西被迫进入"天象境"。

"天象境"注重借天地之力强化自己的战力，而梅西在国家队被赋予"万金油"角色，这让他不得天眷，在金球奖争夺中也失去先机。

在巴萨，梅西是雷打不动的右边锋，长途奔袭、"戏耍"门将、百步穿杨、轻巧吊射，样样得心应手。但在阿根廷队，梅西被迫扮演"万金油"角色，"我是冲锋一块砖，哪里需要哪里搬"，这也是梅西在阿根廷国家队的真实写照。前腰、中锋、右边锋，梅西在不同位置上来回切换且拼尽全力，这样过度消耗也浪费了他的进攻才华。

2018 年俄罗斯世界杯，阿根廷队一路跌跌撞撞，勉力杀入 16 强，却遭遇年轻且阵容强大的法国队，一场 3 比 4 的对攻大战后，"潘帕斯雄鹰"巅峰折翼，梅西茫然地伫立在喀山竞技场，久久不愿离去。

为了阿根廷，31 岁的梅西进入"天象境"，但天意终究难参，还是登顶成憾了……

4 陆地神仙
梅 西 3 5 岁

"陆地神仙境"是金刚、指玄、天像三境的终极进化模式，但似乎又遥不可及，因为他的位格是有数的。《雪中悍刀行》中，唯有一剑开天门的李淳罡才可踏入"陆地神仙境"。若非天下至尊，岂敢称"陆地神仙"？

时间进入2022年，梅西35岁了，一年前他率领阿根廷队夺得美洲杯，打破了"国家队无冠"的魔咒，又在2021年底捧起个人的第七座金球奖杯，超越C罗（5座），正式成为当今足坛第一人，昂首踏入"陆地神仙境"。

在过去一年里，梅西也告别了巴萨，看似有些伤感，但也很圆满，因为他在诺坎普留下高山仰止的丰功伟绩：梅西在巴萨效力的21年里，代表一线队出场778次，打进672球，完成305次助攻，留下了35座冠军奖杯。

尽管梅西等到34岁才终于率领阿根廷队赢得一个美洲杯冠军，但这个冠军却意义非凡。此前四场（三场美洲杯和一场世界杯）决赛失利，让梅西将"千年老二"的标签背负了很久，如今终于撕碎标签，一冠功成。

2021年美洲杯决赛，在阿根廷队以1比0击败东道主巴西队之后，梅西如释重负，他在此届杯赛打入4粒进球，送出5次助攻，将金球奖和最佳射手收入囊中，成为此届美洲杯当之无愧的最佳球员。从2006年至今，梅西在阿根廷国家队的进球总数已经达到81球，超越贝利，成为南美国家队的总射手王。

2021年夏天，梅西离开巴萨，来到"大巴黎"，与姆巴佩、内马尔组成"MMN"组合，位置后移的梅西似乎没有了巴萨时的进球效率，但他化身助攻王，领袖气质越发凸显。

此时的梅西还有一个心愿未了，那就是率领阿根廷队夺得大力神杯。2022年卡塔尔世界杯，梅西将率领国家队再次向巅峰发起冲击，当年马拉多纳将队长袖标交给梅西时，"小跳蚤"还略显青涩，时过境迁，如今的梅西已饱经磨砺，终于成为一位合格的领袖。

全阿根廷的球迷都在期盼，马拉多纳也在天堂为他祝福，梅西太需要一场球王的加冕礼。按照惯例，天下第一的球星，必须在世界杯上率队夺冠，才能正式成为球王。

如今35岁的梅西，急需率领阿根廷队在卡塔尔世界杯上捧起大力神杯，完成个人荣耀版图上的最后一块，也是最重要的一块拼图。

2009 年度进 41 球 / 15 次助攻
2009 年度荣耀
西甲冠军 / 国王杯冠军 / 欧冠冠军
欧洲超级杯冠军 / 西班牙超级杯冠军
世俱杯冠军
金球奖 / 世界足球先生
西甲最佳球员 / 西甲最佳前锋
欧洲俱乐部年度最佳球员 / 欧冠最佳射手
世俱杯金球奖 / 阿根廷足球先生

2009

2010 年度进 60 球 / 17 次助攻
2010 年度荣耀
西甲冠军 / 西班牙超级杯冠军
金球奖 / 欧洲金靴 / 西甲最佳球员
西甲最佳前锋 / 西甲最佳射手
欧冠最佳射手 / 阿根廷足球先生

2010

2011 年度进 59 球 / 36 次助攻
2011 年度荣耀
西甲冠军 / 欧冠冠军
西班牙超级杯冠军 / 欧洲超级杯冠军
世俱杯冠军
金球奖 / 欧洲最佳球员
西甲最佳球员 / 西甲最佳前锋
欧冠最佳射手 / 世俱杯金球奖
阿根廷足球先生

2011

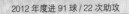

2012 年度进 91 球 / 22 次助攻

2012 年度荣耀

国王杯冠军

金球奖 / 欧洲金靴 / 西甲最佳球员

西甲最佳前锋 / 西甲最佳射手

欧冠最佳射手 / 阿根廷足球先生

4

2012

5

2015 年度进 52 球 / 26 次助攻

2015 年度荣耀

西甲冠军 / 国王杯冠军 / 欧冠冠军

欧洲超级杯冠军 / 世俱杯冠军

金球奖 / 欧洲最佳球员

西甲最佳球员 / 西甲最佳前锋

欧冠最佳射手 / 世俱杯金球奖

阿根廷足球先生

2015

2019 年度进 50 球 / 18 次助攻

2019 年度荣耀

西甲冠军

金球奖 / 世界最佳男子球员

欧洲金靴 / 西甲最佳球员

西甲最佳射手 / 欧冠最佳射手

阿根廷足球先生

6

2019

2021 年度进 41 球 / 14 次助攻
2021 年度荣耀
美洲杯冠军 / 国王杯冠军
金球奖 / 西甲最佳射手
美洲杯最佳球员 / 美洲杯最佳射手

梅 西 三 十 五 岁 特 别 纪 念

七巅封
2021

　　2021 年 11 月 30 日，巴黎的夏特莱剧院迎来金球奖颁奖盛典，梅西（613 分）力压莱万多夫斯基（580 分），加冕金球奖。

　　2021 年，梅西率领阿根廷队夺得美洲杯冠军，成为收获个人第七座金球奖杯的重要砝码，而梅西的七座金杯，可谓个个熠熠生辉。

　　从 2009 年到 2021 年，短短 12 年，梅西七度加冕金球奖，其中包括一波旷古绝今的"四连霸"。

　　2009 年，梅西率领巴萨完成三冠（西甲、国王杯和欧冠）伟业，并在 12 月以 473 分（创新高）的高票，首夺金球奖。

　　2010 年，虽然梅西经历欧冠与世界杯的双重失利，但他还是凭借个人（年度进 60 球）的超神表现，蝉联金球奖，成为《法国足球》金球奖与 FIFA 足球先生合并成 FIFA 金球奖之后的首位获奖人。

　　2011 年，梅西打进 59 球，率领巴萨成为（西甲、西班牙超级杯、欧冠、欧洲超级杯、世俱杯）"五冠王"，三度蝉联金球奖。

　　2012 年，梅西个人火力达到巅峰，打进 91 球，超越盖德·穆勒（85 球），毫无悬念地夺得金球奖，实现此项殊荣的"四连霸"。

　　2015 年，巴萨进入"MSN"时代，梅西率领巴萨缔造"四冠王"（西甲、国王杯欧冠以及欧洲超级杯）的辉煌，第五次加冕金球奖。

　　2019 年，梅西第六次加冕金球奖，超越 C 罗（5 次），二人在的金球暗战中，梅西领先一筹，但"绝代双骄"的较量还在继续。

第 **1** 届 美 洲 杯 冠 军

2021 年 7 月 11 日，美洲杯决赛，阿根廷队以 1 比 0 战胜巴西队，捧起美洲杯冠军，这也是"潘帕斯雄鹰"自 1993 年之后，时隔 28 年再度问鼎美洲杯。

此届美洲杯，梅西贡献 4 粒进球 5 次助攻，荣膺此届美洲杯的最佳球员、最佳射手以及助攻王。率领阿根廷队夺冠之后，梅西也一举打破了"国家队无冠"的魔咒。

阿根廷之耀
Argentina

阿根廷只有一个马拉多纳，同样也只有一个梅西。顶着球王接班人的称号横空出世，且梅西在随后的职业生涯里无限逼近老马的高度，俱乐部成就更是震古烁今，可惜在阿根廷国家队层面，至今未能圆满。

从 2010 年世界杯起，梅西就肩负着阿根廷足球复兴的希望。2014 年巴西世界杯，梅西更是荣膺世界杯金球奖，可惜阿根廷队屈居亚军。2018 年俄罗斯世界杯，梅西率领"蓝白军团"再次折戟沉沙。

虽然没有率队夺得大力神杯，但梅西依旧是阿根廷队的绝对领袖，他是国家队史的总射手王与总助攻王。

2021 年，梅西率领阿根廷队终于站上美洲杯之巅，夺冠的那一刻，布宜诺斯艾利斯的大街小巷都唱起英雄的赞歌，所有阿根廷的球迷都在企盼，梅西能率领阿根廷队能夺得大力神杯。2022 年世界杯，"潘帕斯雄鹰"在预选赛上势如破竹，梅西率队向巅峰再次冲击，这也许是他的最后一届世界杯。

代表阿根廷队总进球数

81

代表阿根廷队总助攻数

49

潘帕斯的信风中
弥漫马黛茶的芬芳
阿根廷王者率队出征
那一抹蓝白的旗帜终
须插在大力神杯的城垣上
Lionel Messi

再见红蓝
Say good bye Barcelona

2021 年 8 月 8 日，梅西在告别巴萨的发布会上，用纸巾拭去眼角伤心的泪水，21 年前，也是一张小小的纸巾（合同），锁定了梅西与巴萨的情缘。

梅西在巴萨效力长达 21 年，其中在为一线队征战的 17 年中，总出场 778 场，总进球数高达 672 个，总助攻数为 305 个，均为队史最高。他还率领巴萨斩获 35 个冠军，其中 10 个西甲联赛冠军，4 个欧冠联赛冠军，3 个欧洲超级杯冠军，3 个世俱杯冠军，7 个国王杯冠军，8 个西班牙超级杯冠军。

梅西在个人方面也荣耀满载，荣膺 6 届世界足球先生，拿到 6 届金球奖、8 届西甲最佳射手、6 届欧冠金靴……

巴萨让梅西成为俯瞰天下的足坛王者，梅西让巴萨成为横扫群雄的超级豪门。在长达十多年的光阴里，巴萨与梅西彼此成就，融为一体，我们习惯了——梅西即巴萨！

在商业足球世界里，再忠诚的誓言终抵不过岁月流殇，梅西终老巴萨，成为瞬息幻灭的童话。一声道别，再见红蓝！

巴萨不再有梅西的身影
但他二十一载写就的传奇
将会在诺坎普永恒绽放

Lionel Messi

代表巴萨总出场

778

代表巴萨总进球

672

代表巴萨总助攻

305

梦幻三部曲
Dream Team Barcelona

当巴萨进入"梦二"时代时，梅西还是未到弱冠之龄的少年，他在罗纳尔迪尼奥身边迅速成长，并成为（小罗、埃托奥、梅西）"三叉戟"中轻灵而又锋锐的侧刃。

那支"梦二"之师在肌肉丛林中曼妙起舞，夺得两个西甲冠军和一个欧冠联赛冠军。

从 2008 年至 2013 年，巴萨上升到一个新的维度，成为凌驾于诸强之上的"宇宙队"。他们以"六冠王"高调起笔，落笔时，已斩

获包括 4 个西甲、2 个欧冠在内的 15 个冠军，创建横扫天下的"梦三"王朝。瓜迪奥拉将传控足球的哲学推向顶点，巴萨掌控中场，梅西开启了连续单赛季进球 40+ 的恢弘旅程。

2012 年瓜迪奥拉卸任，2014/2015 赛季，巴萨在"MSN"组合的率领下，夺得西甲、国王杯、欧冠三个冠军。完成"三冠王"的伟业之后，巴萨的"梦四"王朝也呼之欲出。

梅西、苏亚雷斯和内马尔，三人联袂在该赛季打进 122 球，成为欧洲火力最猛的组合。2017 年 3 月，巴萨上演荡气回肠的"诺坎普奇迹"，奏响"梦四"的最强音。随着内马尔 2017 年夏天转会"大巴黎"，"MSN"组合戛然而止，"梦四"王朝不复往昔。

梅西缘起于"梦二"，盛放于"梦三"，升华于"梦四"，演奏了如梦如幻的三部曲。

7 七届国王杯冠军
Copa del Rey Champion

35
Champions

4 四届欧冠联赛冠军
UEFA Champions League

10 十届西甲联赛冠军
La Liga Champions

8 八届西班牙超级杯冠军
Supercopa de España

3 三届世俱杯冠军
FIFA Club World Cup

3 三届欧洲超级杯冠军
UEFA Super Cup

Messi for Barcelona

三十五冠

2021 年 4 月 18 日，巴萨夺得国王杯冠军。自此，梅西在效力巴萨的 17 年里，一共为球队夺得 35 个冠军。

7

七届金球奖　2009 年　2010 年　2011 年　2012 年　2015 年　2019 年　2021 年

6 2010 年 2011 年 2012 年 2015 年 2019 年

六届世界足球先生　2009 年

2010 年 – 2015 年金球奖与世界足球先生合并，足球先生不单设奖杯。

2

两届欧洲最佳球员　2011 年　2015 年

14

十四届阿根廷足球先生　2005 年　2007 年　2008 年　2009 年　2010 年　2011 年

2012 年　2013 年　2015 年　2016 年　2017 年　2019 年　2020 年　2021 年

1 一届欧洲金童奖　2005 年

1 一届世界杯金球奖　2014 年

6

2009/2010 赛季　2011/2012 赛季　2012/2013 赛季

六届欧洲金靴奖　2016/2017 赛季　2017/2018 赛季　2018/2019 赛季

7 七届西甲最佳前锋

9 九届西甲最佳球员

8

2009/2010 赛季　2011/2012 赛季　2012/2013 赛季　2016/2017 赛季

八届西甲最佳射手　2017/2018 赛季　2018/2019 赛季　2019/2020 赛季　2020/2021 赛季

1 一届欧足联俱乐部年度最佳球员　2005 年

10
十届西甲
联赛冠军

 2004/2005 赛季　 2005/2006 赛季　 2008/2009 赛季　 2009/2010 赛季　 2010/2011 赛季

 2012/2013 赛季　 2014/20015 赛季　 2015/2016 赛季　 2017/2018 赛季　 2018/2019 赛季

7
七届
国王杯冠军

 2008/2009 赛季　 2011/2012 赛季　 2014/2015 赛季　 2015/2016 赛季　 2016/2017 赛季　 2017/2018 赛季　 2020/2021 赛季

8
八届西班牙
超杯冠军

 2005 年　 2006 年　 2009 年　 2010 年　 2011 年　 2013 年　 2016 年　 2018 年

4
四届欧冠
联赛冠军

 2005/2006 赛季　 2008/2009 赛季　 2010/2011 赛季　 2014/2015 赛季

1
一届奥运金牌　 2008 年

3
三届欧超杯冠军　 2009 年　 2011 年　 2015 年

3
三届世俱杯冠军　 2009 年　 2011 年　 2015 年

1
一届
世青赛冠军　 2005 年

1
一届
美洲杯冠军　 2021 年

2
两届美洲杯
最佳球员　 2015 年 2021年

1
一届法甲
联赛冠军　 2021/2022 赛季

672
俱乐部总射手王

2021 年 8 月 10 日，梅西告别巴萨，自此，他代表巴萨在各项赛事总进球数为 672 粒，不仅锁定巴萨历史总射手王，还将代表单一俱乐部进球最多的纪录升格到 672 粒。

2020 年 12 月 22 日，梅西在巴萨客场以 3 比 0 战胜巴拉多利德的比赛中，打入他效力巴萨的第 644 粒进球，打破由"球王"贝利保持的代表桑托斯 643 粒进球的纪录，成为代表单一俱乐部进球最多的球员。

160
国家队出场次数最多

2021 年 6 月 29 日，美洲杯小组赛，梅西独中两元，率领阿根廷队以 4 比 1 大胜玻利维亚队。梅西也以 148 场超越马斯切拉诺，成为阿根廷队上场次数最多的球员，截止到 2022 年世预赛战罢，梅西共代表阿根廷队出场 160 次。

700
职业生涯第 700 球

2020 年 7 月 1 日，西甲联赛第 33 轮，巴萨在主场以 2 比 2 战平马竞。梅西罚进一记"勺子"点球，完成职业生涯第 700 粒进球，其中梅西代表巴萨打进 630 粒进球，代表阿根廷队攻入 70 粒进球。

81
阿根廷队总射手王

从 2005 年 到 2022 年 3 月底，梅西为阿根廷队打进 81 粒进球。其中世界杯 6 球，世界杯预选赛 28 球，美洲杯 13 球，友谊赛 34 球。超越历史巴蒂斯图塔的 54 球，成为"蓝白军团"总射手王。此外，他还在阿根廷队的比赛上演过 7 次"帽子戏法"，书写独一无二的"戴帽"神迹。

305
巴萨俱乐部总助攻数

梅西在巴萨各项赛事总助攻数达到 305 次，其中西甲 217 次，欧冠 42 次，其他杯赛 46 次。梅西自 2008 年开始到 2021 年，连续 14 个自然年助攻数上两位数。2011 年，梅西曾创造过自然年 36 次的助攻新纪录。

79
南美国家队总射手王

2021 年 9 月 10 日，世界杯预选赛南美赛区第 10 轮，梅西上演"帽子戏法"，率队以 3 比 0 大胜玻利维亚队。自此，梅西为阿根廷队总打进 79 球，打破了由贝利保持的 77 球南美国家队进球纪录。

91
年度总进球纪录

2012 年，梅西创造自然年各项赛事总进球 91 粒的新纪录。其中包括 59 粒西甲进球、13 粒欧冠进球、5 粒西班牙国王杯进球、2 粒西班牙超级杯进球以及 12 粒阿根廷国家队进球。

36
西甲"戴帽"王

2021 年 2 月 23 日，巴萨在主场对阵埃瓦尔，梅西上半场就独中三元，完成他在西甲联赛的第 36 次"帽子戏法"，成为西甲"戴帽"最多的球员。

2007 年 3 月 10 日，19 岁的梅西在国家"德比"中，首次上演"帽子戏法"，打开了"戴帽"账户。截止到 2021 年底，梅西一共完成 55 次"帽子戏法"（含国家队）。

5
五子登科

2012 年 3 月 9 日，巴萨与勒沃库森的欧冠 1/8 决赛次回合，梅西独中五元，职业生涯首次完成单场打入 5 球的壮举，自 1992 年欧冠改制以来，梅西也是首位在在此项赛事中完成"五子登科"的球员。

26+14
"德比"进球 & 助攻之王

梅西是西班牙"国家德比"（巴萨 VS 皇马）进球最多的球员（26 球），也是助攻最多的球员（14 次）。其中，梅西在诺坎普贡献 11 球和 5 次助攻；在伯纳乌有 15 球和 9 次助攻入账。梅西代表巴萨一共参加了 45 场"国家德比"，战绩为 19 胜 11 平 15 负，还上演过 2 次"帽子戏法"。

12×40+
12 年 / 年度进球总数 40+

2021 年 10 月 19 日，欧冠小组赛第 3 轮，梅西完成加盟圣日耳曼队后的首个"梅开二度"，率领球队在主场以 3 比 2 力克莱比锡，成为历史上首位在 12 个自然年年度总进球数（包含俱乐部和国家队）均达到 40+ 的球员。

9×30+
9 个赛季西甲进球 30+

从 2009/2010 赛季到 2020/2021 赛季，梅西共 9 个赛季在西甲联赛进球都能超过 30 大关，成为西甲联赛历史上唯一一位在 9 个不同赛季里都打进 30+ 联赛进球的球员。

49
阿根廷队总助攻王

截至到 2022 年 3 月底，梅西代表阿根廷队共出场 160 次，送出 49 次助攻，每 3.2 场就有 1 次助攻，成为阿根廷队助攻最多的球员。

Lionel Messi
利昂内尔·梅西

阿根廷前锋

现效力于巴黎圣日尔曼

474 粒西甲联赛进球

125 粒欧冠联赛进球

26 粒西班牙国家德比进球

81 粒国家队进球

7 届金球奖

6 届世界足球先生

2 届欧洲最佳球员

6 届欧洲金靴

2 届欧洲俱乐部最佳前锋

1 届欧洲俱乐部最佳球员

9 届西甲最佳球员

8 届西甲最佳射手

6 届欧冠最佳射手

10 届西甲联赛冠军

1 届法甲联赛冠军

4 届欧冠联赛冠军

1 届美洲杯冠军

年少万兜鍪，坐断东南战未休。天下英雄谁敌手？曹刘。

绝代

梅西与C罗交锋数据

赛事名称	交锋	梅西胜	C罗胜	平局	梅西进球	C罗进球
西甲联赛	18次	10次	4次	4次	12球	9球
欧冠联赛	6次	2次	2次	2次	3球	2球
国王杯	5次	1次	2次	2次	0球	5球
西班牙超级杯	5次	2次	2次	1次	6球	4球
国家队友谊赛	2次	1次	1次	0次	1球	1球
汇总	36次	16次	11次	9次	22球	21球

梅西和C罗，足坛的「绝代双骄」，两人夺得12座金球奖杯。2008—2018年在西甲更是展开十年直接对决，留下无数经典，伟大的对手成就伟大的自己，他们留下一段双峰对峙的佳话，成为无数球迷的青春记忆。

Cristiano Ronaldo
克里斯蒂亚诺·罗纳尔多

葡萄牙前锋

现效力于曼联

311 粒西甲联赛进球
141 粒欧冠联赛进球
18 粒西班牙国家德比进球
115 粒国家队进球
5 届金球奖
5 届世界足球先生
4 届欧洲金靴
3 届欧洲俱乐部最佳前锋
3 届西甲最佳射手
1 届英超金靴
1 届意甲最佳射手
7 届欧冠最佳射手
2 届西甲联赛冠军
3 届英超联赛冠军
2 届意甲联赛冠军
5 届欧冠联赛冠军
1 届欧洲杯冠军

双骄

俱乐部进球数据	梅西	C罗
总进球	679 球	692 球
助攻	315 次	198 次
帽子戏法	48 次	49 次
点球进球	84 球	127 球
任意球进球	50 球	47 球
左脚进球	564 球	122 球
右脚进球	88 球	456 球
头球进球	24 球	112 球
其他部位进球	3 球	2 球

国家队进球数据	梅西	C罗
总进球	81 球	115 球
助攻	49 次	32 次
帽子戏法	7 次	10 次
点球进球	18 球	16 球
任意球进球	8 球	10 球
左脚进球	73 球	26 球
右脚进球	6 球	61 球
头球进球	2 球	28 球
其他部位进球	0 球	0 球

●点球进球包含点球大战，俱乐部数据不包含友谊赛进球。

独步天下

梅西传

LIONEL MESSI

●文：穆东 / 博伊德沃特 / 马利昂内尔 / 布鲁斯 / 张小米

楔子：阿根廷、足球与梅西

Lionel Messi

阿根廷凭借丰富的矿产资源以及农牧业，在 20 世纪初期一跃成为南美洲第一、世界第七大经济体。但远离世界中心、矿产资源的枯竭，经济发展不均衡，以及忽视工业化建设等原因，又让阿根廷很快步入了经济衰退期。

经历过富足优渥又饱尝贫困艰辛的阿根廷人民，似乎如同加西亚·马尔克斯的魔幻现实主义巨著《百年孤独》中描写的那样，从繁华奢靡到一贫如洗，不过是过眼云烟。他们看透生命，却享受生活，即便如今物质条件每况愈下，他们依然能载歌载舞、尽情欢乐……当然，最令阿根廷人骄傲的，还是足球。

1978 年，阿根廷队在本土举行的世界杯上夺冠，在全国掀起一股足球热潮。当时阿根廷的失业率达到了一个新的高度，整体经济也处于崩溃的边缘。以举国之力申办世界杯，是阿根廷政府的一次豪赌。

最终阿根廷队在决赛中以 3 比 1 击败了克鲁伊夫领衔的荷兰队。决赛中"梅开二度"的肯佩斯，一下子成了国家的英雄。世界杯的夺冠，使阿根廷赢得了这场豪赌，民众的日常讨论重心，已经不再是国家低迷的经济，而是阿根廷队在世界杯赛场的夺冠壮举。

然而，这种由足球带来的平静并没有持续太久。马岛战争的失败，彻底激化了阿根廷的国内矛盾。如同命运轮回般，那些矛盾又是依靠足球来化解了。

这一次化解，是因为阿根廷拥有马拉多纳。

"如果不能在战争中打败英国人，那就在足球场上找他们复仇。"

这是在阿根廷国内流传甚广的一句话，而这句话因为马拉多纳在 1986 年世界杯上的完美发挥，得到了验证。马拉多纳在阿根廷队对阵英格兰队的比赛中，不仅连过 5 人攻入了精彩的"世纪进球"，还用一个"上帝之手"，锁定胜局。

马拉多纳用足球给阿根廷人民带来慰藉，成为民族英雄。当时阿根廷的人民骄傲地表示："虽然我们的经济不行、军队不行，但我们的足球行！"

当马拉多纳留下震古烁今的伟业离开之后，阿根廷就一直期盼再有一个这样的人物去重塑足球的辉煌。于是，奥特加、巴蒂、艾马尔、里克尔梅等人，都被冠以过"马拉多纳的接班人"的称号。只是，他们都未能带领阿根廷队再度夺得世界杯冠军。

利昂内尔·梅西在 2005 年世青赛以及 2008 年奥运会上的完美表现，让阿根廷找到了"马拉多纳新的传人"。梅西不仅展现出比肩马拉多纳的盘带技术，还有比马拉多纳更出色的终结能力。不过，2014 年和 2018 年世界杯，梅西都未能率领阿根廷队夺冠。

崇尚自由的阿根廷人与"特立独行"阿根廷媒体都会不加掩饰地表达自己的观点，以梅西退出国家队为例，阿根廷媒体直接炮轰其不配穿国家队的战袍。更有甚者，在俄罗斯世界杯期间，球队面临小组赛绝境的情况下，阿根廷媒体还编造了梅西权力凌驾在主教练桑保利之上并左右国家队选材与战术安排的新闻。

熟悉梅西的球迷都知道，他是一个性格内敛的人，但是对胜利充满渴望。为了阿根廷队能更顺利有序地进行比赛，他甚至支付了阿根廷足协拖欠的安保费用。

而阿根廷舆论，对于梅西的期望已经达到一种苛刻的程度，诸多知名媒体人都坦言，他们希望梅西在巴萨出工不出力，从而更好地为阿根廷队出战。但是，作为一名职业球员的梅西，会这么做吗？答案是否定的。

自从马拉多纳退役之后，阿根廷足球迫切需要找一位新的领军者，他们锁定了梅西。梅西球技精湛，但他并不是一位像马拉多纳那般性格张扬的领袖。

虽然行事低调，但事实证明，梅西作为阿根廷队领袖还是十分称职的，他默默地将球队扛在肩上。2021 年，梅西率队夺得美洲杯。2022 年，梅西将率领阿根廷队再次出征世界杯，为了那座大力神杯，做终极的一搏。

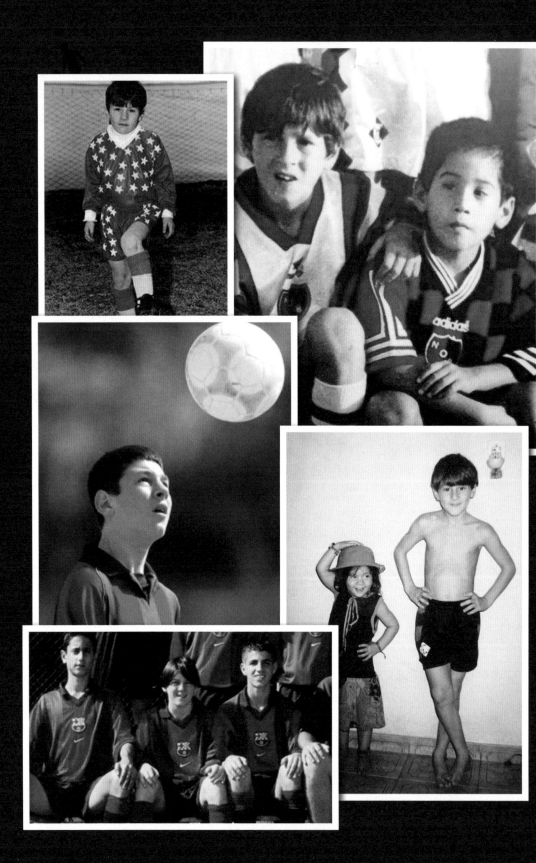

第一章
年少岁月

独步天下：梅西传

平凡之歌

Lionel Messi

每个人，都有平凡的特质与非凡的潜力，利昂内尔·梅西更是如此。他与很多阿根廷的孩子一样，自幼就痴迷足球，但出色的足球天赋又注定其非凡的一生。

梅西出生在一个普通的家庭，父亲豪尔赫·梅西跟随祖父从意大利移民到阿根廷，长大后迎娶了塞莉亚·库齐蒂尼（意大利移民的后裔）为妻。他们在罗萨里奥安家，夫妇二人先后养育了4个孩子，分别为罗德里格、马蒂亚斯、利昂内尔和玛丽亚·索尔，利昂内尔·梅西在家中排行老三，他有两个哥哥与一个妹妹。

梅西从5岁开始，就与足球相伴，父亲是他的启蒙老师。梅西对于足球的酷爱，达到了一个近乎"恐怖"的程度。以至于，后来梅西的母亲塞莉亚与那些启蒙教练们，都开始以"隔绝足球"的方式去"惩罚"梅西。

每当谈到这些场景，塞莉亚总是笑容满面地说："对于利昂内尔，最严厉的惩罚就是告诉他，'你今天下午不能去训练'。而这时候的利昂内尔，只会说：'妈妈，不，请不要这样。我会把一切都做好，我发誓，你不要担心好吗？让我去踢球吧。'"

每当说起这些小事儿，梅西的母亲塞莉亚就无比骄傲。

作为孩子，没有不喜欢糖果的，梅西也不例外。当梅西在少年队踢球时，有一位教练跟梅西说："你要是在比赛中进一个球，我就给你一块糖果夹心饼干。"结果，一场比赛之后，梅西就得到了8块饼干的奖赏。

作为梅西的启蒙老师，阿德里安·科雷亚回忆第一次看到梅西踢球的情景：当时很多人目光都被一名叫莱昂德罗·德比迪斯的小男孩吸引，那位充满天赋（在11岁时就被AC米兰俱乐部选中）的少年的表现的确令人震撼。不过，当阿德里安·科雷亚第一次看完那场球赛之后，就改变了主意，他有些疯狂地说："那个梅西，要比德比迪斯好十倍，未来他将会像马拉多纳那样伟大。"

多年以后，阿德里安·科雷亚总会为当年的那个预言而沾沾自喜，因为那个莱昂德罗·德比迪斯显然泯然于众生，而梅西却早已名冠天下，成了七座金球奖的得主。

生于忧患

Lionel Messi

1987 年 6 月 24 日，利昂内尔·梅西出生于阿根廷圣菲省罗萨里奥市。在此之前，这个的家庭已有了两个男孩，分别是当时已经 7 岁的罗德里格与 5 岁的马蒂亚斯，梅西的父母希望能迎来一位女儿。

梅西的出生过程并不顺利，因为当时梅西在母亲腹中的生命体征不太平稳，为了避免给胎儿留下后遗症，医生在接生时使用了产钳。好在一切顺利，6 斤重的梅西成功出生了。梅西降世的过程令人心有余悸，但之后的他将面临更大困难——矮小症。

孟子云："故天将降大任于斯人也，必先苦其心志，劳其筋骨，饿其体肤，空乏其身……"在成为球星之前，梅西所经历的磨难也远远超过了常人。

小时候的梅西喜欢在烤牛肉上加奶酪、火腿及番茄酱，这对于本不富裕的家庭来说，有些奢侈，但母亲塞莉亚依然会想方设法地满足爱子的这个愿望，几乎每周一次。

时间来到 1997 年，已经 9 岁半的梅西，要远矮于同龄人。1997 年 1 月 31 日，他随父母来到罗萨里奥市中心诊所就诊。在经过长达 1 年的反复检测之后，最终得出结论：生长激素缺乏。梅西没有分泌出足够的生长激素，令他无法像其他孩子那样长高，而这种生长激素缺乏症的发病率只有两万分之一。

如果不能进行及时且专业的治疗，梅西此后将很难长高。根据临床来推断，如果没有治疗，他的身高将很难超过 1.4 米。接受生长激素注射治疗，成为治疗这种疾病的最佳选择之一。

当时的梅西已经在当地足坛崭露头角，如果生长激素持续缺乏，梅西将无法拥有正常人的身高，也不能成为一名职业球员。

面对如此困境，梅西显得十分平静，在后来的治疗过程中，他始终没有哭闹、抱怨，一直配合着医生的诊疗。对这一点，即便是十几年之后，当时梅西的主治医生迭戈·施瓦茨斯坦都记忆犹新。

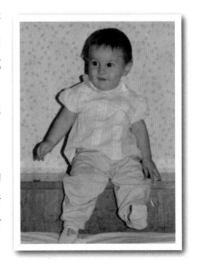

　　当时梅西的家境并不宽裕，无力承担一年高达 60 万比索（相当于 12000 欧元）的治疗费用，而且阿根廷的医疗体系也不完善，梅西的治疗费用来自父亲的医疗保险以及阿辛达尔钢铁集团基金会，这笔费用在治疗开始后两年就停止了。

　　纽维尔老男孩俱乐部因为欣赏梅西的足球天赋，允诺承担一部分治疗费用，但随着时间的推移，纽维尔老男孩也开始拖欠费用。这并非是他们违背承诺，而是俱乐部的经济状况着实不佳。为了找到能提供治疗费用的俱乐部，梅西曾前往河床队青训营试训，但当河床队想要得到梅西时，纽维尔老男孩却不愿意放手。

　　真正让梅西摆脱病痛的，还是后来的巴萨。在巴萨队医与专家的综合检测之后，他们改变了此前对梅西单纯进行生长激素注射的治疗手段，增加体能、饮食的辅助计划，帮助梅西成长。不过这是后话，当时的梅西依然需要在数年里，每天忍受被注射的痛苦。

　　梅西在 10 个月大的时候，就跟在哥哥们身后蹒跚学步，展现出很好的运动天赋。不过，过早的走路让梅西遭遇到人生第一次骨折。当时，小梅西竟然走到了马路上，被一辆自行车撞倒。家人们把受伤的小梅西送到了医院，检查结果让人震惊——尺骨骨折。

　　可怜的小梅西，不得不在此后数周的时间里戴着石膏板。

　　而当梅西走上足球之路，也不可避免在比赛与训练中有些磕磕碰碰。

　　1992 年的夏天，年仅 5 岁的小梅西与大哥哥们踢了场比赛。比赛的场地是一家叫作格兰多里俱乐部的小球场，梅西就在这个没有草皮的小黄土球场开始了足球生涯。试想一下，当小孩子在这样的场地上踢球，一旦摔倒，肯定会带来擦伤。而这种小伤对于梅西来说无所谓。要知道，10 个月的梅西就曾遭遇过尺骨骨折。

外祖母的推荐

Lionel Messi

时间回到 1992 年的夏天，当时没人意识到，罗萨里奥市格兰多里俱乐部的一个小球场，将成为梅西征服世界足坛的起点。这个除了几块斑驳的草皮几乎全部是黄土的足球场，当时正在举行一场"86 年"儿童友谊赛。

在比赛临近开始时，阿帕里西奥麾下的一名小球员迟迟未到。接下来的故事，很多人都猜到了，那就是这个曾执教过上百名孩子的老教练阿帕里西奥，来到梅西外祖母身边尝试着询问："能否借您家宝贝一用？"

关于此事，也有另外一个版本。阿帕里西奥不敢贸然让这个"小不点"登场，因为，梅西的个子实在是太小了。不过，当时梅西的外祖母说出掷地有声的一句话，让此番争论戛然而止："让他上场，你就会知道这个'小不点'是怎么踢球的。"

而第一次正式参加比赛的梅西，用出色的表现震惊了所有人。

回想起比赛时的场景，阿帕里西奥记忆犹新："当皮球第二次来到梅西的脚下时，这个'小不点'开始过人，一个，一个，又一个。我此前并没有遇到过拥有这样足球天赋的孩子。我当时就下定决心，这个孩子，我将永远不会把他换下来。"

一张泛黄的照片记述着当时的情景。斑驳的球场边，身着红色球衣的孩童们集合在一起。仔细观察，你会发现阿帕里西奥教练的身下，有着"小不点"梅西的身影。

遗憾的是，在梅西 10 岁时，他的外祖母就去世了。梅西在之后的比赛，进球后习惯将双手指向天空，向天堂中的外祖母深情致意。

家乡之礼

Lionel Messi

梅西从来没有避讳自己对纽维尔老男孩队的热爱，这支球队意味着家乡足球的传承。在罗萨里奥，最著名的球队就是纽维尔老男孩队和罗萨里奥中央队。与罗萨里奥中央队（1889 年成立）相比，纽维尔老男孩队的成立时间要晚一些。

1903 年 11 月 3 日，从欧洲来到阿根廷冒险的英国商贸公司的老师和学生成为球队的发起人。球队的名字来自伊萨克·纽维尔，这位来自英格兰肯特郡的人在 1884 年于罗萨里奥建立了一所学校，然后将足球运动从这里传播出去。

纽维尔老男孩队的创始人是伊萨克·纽维尔的儿子克劳迪奥，而纽维尔老男孩的名字也是致敬其父辈。在一个多世纪的时间里，纽维尔老男孩中曾走出过加布里埃尔·巴蒂斯图塔、豪尔赫·巴尔达诺、阿贝尔·巴尔博、马科斯·罗德里格斯等一众闪耀的球星。而最让这个俱乐部骄傲的就是，马拉多纳曾身穿纽维尔老男孩的红黑战袍。

梅西的父亲豪尔赫 13 岁时就在纽维尔老男孩训练，直到他因为服兵役才告别足球。每个拥有梦想的父亲，都会期盼自己的孩子能将自己未竟的事业传承下去。因此，梅西的两个哥哥罗德里格与马蒂亚斯很小就来到纽维尔老男孩的少年足校学习。

梅西自小就被纽维尔老男孩的足球氛围所笼罩。在他 1 周岁生日时，收到了叔叔一份特别的礼物——纽维尔老男孩的球衣。

1994 年初，梅西跟随哥哥们的脚步来到了纽维尔老男孩队进行试训。在接近 1 个月的试训中，梅西一共参加了 8 场比赛。对于那个年龄段的梅西来说，这个比赛的强度很大，但梅西依然用自己的天赋征服了青年队的教练。梅西也来到了纽维尔老男孩队，并拿到了 992312 的学员号。

　　在纽维尔老男孩队，梅西已经展现出了同年龄段无可比拟的优势。根据罗萨里奥足球俱乐部的记录，梅西在代表纽维尔老男孩参加的首场比赛中就攻入 4 球，帮助球队 6 比 0 获胜。另外，在阿根廷青少年队中的 7 人制比赛中，梅西率领的纽维尔老男孩队与队友们创造了连续三年不败的神迹。最为关键的是，在对阵同城球队罗萨里奥中央队的少年队比赛中，梅西 5 次使用了"彩虹过人"的方式将球挑过了对方防守球员。

　　根据当时梅西的教练维克齐奥回忆，在 1999 年的一场比赛里，梅西因为发烧没有首发。在球队 0 比 1 落后的局面下，维克齐奥走到梅西身边问："你想比赛吗？你想帮我们拿下胜利吗？"很显然，梅西的回答是"是"。于是，替补登场的梅西只用了 5 分钟就攻入两球，帮助球队实现逆转。

　　即便是离开纽维尔老男孩队，梅西也展现出了对这支球队的留恋。在加盟巴萨之后，梅西对于纽维尔老男孩队的热爱并没有减少。他数次面对媒体表示，未来，他想回纽维尔老男孩队，这是他的梦想开始的地方。

第二章
初历欧洲

独 步 天 下 ： 梅 西 传

缘定巴萨

Lionel Messi

当年，很多人都觉得大卫·德比迪斯会成为比肩马拉多纳的球员，因为，他在 11 岁时就名动天下，成为罗萨里奥这座城市天才足球少年的典范。

2000 年初，科尔多瓦锦标赛决赛，德比迪斯所在的球队迎来梅西领衔的纽维尔老男孩队的挑战，这场决赛引起巨大轰动。最终，德比迪斯所在的球队是获胜。赛后，所有的媒体都将镜头对准了德比迪斯，这个 11 岁的少年已经获得了 AC 米兰的邀请。

当时梅西成为备受冷落的弃儿，不过，巴萨看到了这位少年天才的潜力。

2002 年的 2 月，巴萨最为著名的球探兼经纪人何塞普·明格利亚收到了一盘录像带。而且，一同收到相同内容录像带的还有乌戈·托卡利，而他的身份是阿根廷各级青年国家队的总负责人。两个收到录像带的人，做出了截然相反但是在当时都无可指摘的举动：明格利亚将录像带送到了巴萨高层的手中，并力主球队签下梅西；乌戈·托卡利则选择暂时不招梅西进入阿根廷少年队，然后等待合适的时机，在友谊赛中考察他。

这盘录像带，让巴萨经过两年之久得到了梅西。而阿根廷青年队，也最终在 3 年后将他招入，梅西也在南美杯赛事中用出色的发挥，回应了球队对自己的期待。

巴萨在收到明格利亚的力荐之后，开始邀请梅西来球队试训。其中，对于签下梅西态度最为坚决的，就是巴萨名宿卡洛斯·雷克萨奇。当他看完梅西的录像带之后，他的兴奋之情无以复加，"此前有朋友跟我说，有个叫利昂内尔·梅西的孩子不错，有点像马拉多纳。我以为他说的是一名十八九岁年轻段的球员，但当我看到录像后才发现，这是一个 13 岁的孩子，而且，他踢球的方式着实让我震惊。"

更让雷克萨奇震惊的还在后面，在抵达巴萨之后，梅西迎来试训的首场比赛。为了能让梅西更好地发挥，巴萨贴心地让他与同年龄段的队友合练了一个星期。在正式比赛哨吹响之后，梅西展现出了他完美的球技——5 粒进球。

雷克萨奇来到比赛场边，亲眼看到梅西的出色发挥，然后找到当时拉玛西亚的青训主管奎麦·里费与名宿米盖利，郑重地说："我们得签下这个孩子，就这么定了！"

心满意足的梅西与父亲豪尔赫飞回了阿根廷，但是接下来迎接他们的不是巴萨的邀约，而是漫长的等待。因为，巴萨要签下梅西，难度并不小，而较大的困难一共有 4 点：

1. 梅西是非西班牙人，法律不允许外国孩子为西班牙俱乐部各个级别的梯队踢球。

2. 梅西当时年龄太小，接下来可能会因为远赴他国出现心理、伤病等问题，在此情况下，不够成熟的他在陌生环境下将无法达到预期的要求。

3. 要想保证梅西有较好的成长环境，就需要将其父母接到巴萨来，那么，巴萨俱乐部就要为他们找工作。

4. 梅西有矮小症，需要花费大量的时间与金钱去治疗，这也大大增加了不确定性。

当时的巴萨并未达到战绩顶峰，俱乐部的内耗十分严重。彼时，巴萨的某些高层不同意引进梅西。他们认定梅西不值得花费重金，其身体太过瘦小。

2000年12月14号，梅西的经纪人加吉奥利和雷克萨奇在一家餐厅一起吃饭，针对巴萨的举棋不定，加吉奥利告诉雷克萨奇："我们要去其他的俱乐部了。"

雷克萨奇顿时惊诧不已，由于当时还没有和梅西起草正式合同，为了挽留这位绝世的天才，雷克萨奇立马找服务员要了一张餐巾纸，并挥笔写道："我以作为巴萨技术总监的身份保证，尽管目前彼此一些条件有待商榷，但我们承诺会马上签下梅西。"

雷克萨奇展现强硬的一面，全力推进签下梅西并应允承担所有花费。

于是，著名的"餐巾纸合同"诞生了，这张日后改变世界足坛格局的餐巾纸，被保存在巴萨博物馆里，永载史册，也见证了一段伯乐识千里马的佳话。

2001年1月8日，梅西与巴萨正式签约，2月15日，梅西全家搬到了巴塞罗那。

梅西的职业生涯，因为这张"餐巾纸合同"发生了巨变，他成为拉玛西亚青训营的一员，与"87黄金一代"皮克、法布雷加斯、佩德罗共同成长。之后梅西又进入巴萨一线队，自此一鸣惊人，走上了球王之路。

渐入佳境

Lionel Messi

签约后，梅西正式成为巴萨的一员。

身在异国他乡，性格内向的梅西一度被认为是不太合群、难于融入团队的，这位年仅 13 岁的阿根廷少年承受了巨大的压力。梅西来到巴萨，不仅要适应新队友，还要适应新的生活与文化。巴萨安排他在大教堂区的若望二十三世公立学校就读，梅西每日都要往返于学校与拉玛西亚训练场之间，回家后还要注射生长激素药物，巴萨俱乐部还请来专家为梅西度身定制康复训练计划。

初到巴萨，因为注册手续的问题，梅西并没有太多的登场机会。直到赛季末，梅西一共只出战了两场正式比赛与一场友谊赛。球场上的不顺，加上生活上的不便，让梅西在巴萨的起步有些艰难，好在这种窘境并没有持续多久。

梅西在拉玛西亚青年训练营遇到法布雷加斯、皮克、巴斯克斯等"87 黄金一代"的青年才俊，并通过精湛球技征服了队友。梅西的盘带能力尤为出色，身材矮小的他能在长人林立的赛场中自由穿梭，并且总是快人一步。

2002 年，梅西随巴萨青年队在瑞士泰伊根杯邀请赛、马埃斯特雷利杯等赛事上都夺得冠军。尤其是在意大利举办的马埃斯特雷利杯，这届青年邀请赛云集了国际米兰、尤文图斯、帕尔马等老牌强队的青年军。梅西与队友们横扫国际米兰、切沃、布雷西亚后，又逼平了尤文图斯的青年军，然后在关键的决赛中战胜了帕尔马夺冠。

在这次意大利之旅中，足球游戏成为梅西与队友沟通的桥梁。一开始，梅西在球队沉默寡言，后来他与队友开始切磋足球游戏，逐渐增加了彼此间的交流，此后在球场上，梅西也开始与队友积极互动。这对于内向的梅西来说，是一个很好的转变。

与球队更好地融合，让梅西发挥得更加游刃有余。在接下来的 2002/2003 赛季，梅西代表青年队出战了 30 场联赛，攻入了惊人的 36 粒进球，比球队的头号前锋巴斯克斯还要多 6 粒。在 36 粒进球中，不仅有 3 次"帽子戏法"，还有一次"大四喜"。

巴萨首秀

Lionel Messi

2003 年夏天，巴萨迎来历史性的变革。拉波尔塔赢得了主席大选，巴萨迎来少帅里杰卡尔德，并在转会市场签下巴西巨星罗纳尔迪尼奥。

这一切，成为巴萨"梦二队"起航的标志。毕竟，在此前的赛季中，巴萨经历了噩梦般的一年：在欧冠 1/4 决赛被尤文图斯淘汰；国王杯赛事更是被诺维尔达踢出局；在联赛层面，巴萨只拿到了第 6 名，比榜首的皇马少了 20 分之多。

巴萨在诺坎普球场漫天的嘘声中，迎来重建，球队也走上了正轨。

这时候的梅西，依然在青年队厮杀，而在巴萨名宿阿莱克斯·加西亚执教的那个赛季，15 岁的梅西凭借无与伦比的球技，奠定了核心地位，也时常遭遇伤病。

2003/2004 赛季，巴萨对阵西班牙人青年队的德比战，梅西起跳与对手撞在一起，当场休克。经过紧急救治，梅西被诊断为髋骨骨折，需要卧床休息两周以上，这意味着梅西将缺席 1 周后的加泰罗尼亚杯决赛。

梅西求战心切，主帅加西亚允许其戴面具出战，但严厉要求梅西不能在比赛中摘下面具。但当比赛正酣时，梅西还是摘下了碍脚的面具，并在此后的 5 分钟里，完成了两个惊艳的进球。一个是从中场断球后一条龙杀到禁区盘过对手门将射空门得分，另一个在禁区内凌空抽射破网。

梅西的斗志与天赋，引起了巴萨主帅里杰卡尔德的关注。

2003 年 11 月的国家队比赛日，梅西跟随巴萨一线队前往葡萄牙的波尔图进行了一场热身赛。由于诸多主力球员参加国家队赛事，里杰卡尔德只带了 16 名球员前往巨龙球场。这场比赛的真正意义，是为巨龙体育场的揭幕热身。

身披 14 号球衣的梅西在下半场登场，在 15 分钟的登场时间里创造出两次得分机会。虽然巴萨输掉了比赛，但是里杰卡尔德还是被梅西深深打动。

此战过后，当时只有 16 岁 4 个月零 2 天的梅西完成巴萨一线队首秀，在巴萨的历史长河中，只有两名球员的一线队首秀年龄比梅西小，分别是 1912 年的保利诺·阿尔坎塔拉（15 岁 4 个月零 18 天）以及 1998 年的哈鲁纳·巴班吉达（15 岁 9 个月零 18 天）。

里杰卡尔德并没有忘记梅西那 15 分钟的发挥。2004 年夏天，巴萨开启远东之行，在中国、韩国与日本参加了多场热身赛，梅西再度披上巴萨一线队的战袍。

巴萨在此次远东行期间与中国结下深厚的缘分。此后多年，巴萨先后与上海国际、深圳健力宝、北京国安等中超球队进行了热身赛。

2003/2004 赛季，梅西在巴萨各级球队中均奉献了现象级表现。在青年 A 队，梅西出场 11 次攻入 18 粒进球，并在内尔哈杯决赛中上演了中圈吊射的惊艳进球。

在巴萨 C 队，梅西在危难之际临时受命征调参加了 10 场比赛，共攻入 4 球，帮助球队成功保级。尤其是客场对阵格拉梅内特队的比赛中，替补登场的梅西展现出了绝境中的超强战斗力。比赛第 86 分钟，巴萨 C 队 1 比 2 落后，梅西用一个头球得分与一记突破后的劲射，率领球队实现了最后时刻的翻盘。

在巴萨 B 队，梅西的加盟让球队在竞争激烈的西乙 B 联赛中成功夺冠。一个赛季下来，梅西一共参加了 36 场正式比赛，攻入了 50 粒进球。

巴萨终于被梅西精彩的表现所折服，正式联系了梅西的父亲豪尔赫，并送上一份职业球员合约。此前因为巴萨管理层的更迭与混乱，其他俱乐部已经成功挖走皮克、法布雷加斯等拉玛西亚青训营的精英球员，巴萨已经无法再承受梅西的离开。

 惊艳世界

Lionel Messi

梅西在巴萨显露锋芒，让万里之外的阿根廷足协也为之心动。

其实早在 2002 年，时任阿根廷各级青年队总负责人的乌戈·托卡利就收到了梅西的录像带，但他并没有将梅西立刻招入国家青年队。随着梅西在巴萨青年队发挥日渐出色，托卡利再也不能忍受梅西不能为国出战的尴尬，"这个孩子必须代表阿根廷青年队出战了，因为他拥有远超同年龄段球员的天赋与球技。"

阿根廷足协于 2005 年准备组织两场友谊赛，希望能对梅西进行近距离的观察。不过，很遗憾，阿根廷足协发给巴萨的征调请求中，将利昂内尔·梅西的名字写成了利昂内尔·梅齐，这次申请被巴萨理所应当地拒绝了。

其实，巴萨拒绝阿根廷足协的征调，还存在私心。因为当时已经在西班牙居住多年的梅西可以拿到西班牙护照，而西班牙足协也希望梅西能选择为他们出战。

身体里流淌着阿根廷血液的梅西，拒绝了西班牙足协的邀请。

2005 年 6 月底，阿根廷青年队与巴拉圭青年队和乌拉圭青年队进行了两场热身赛，梅西终于迎来了阿根廷队首秀的时机。在首场对阵巴拉圭队的比赛中，梅西在下半场第50 分钟替补登场，第一次穿上蓝白相间条衫的梅西，数次撕碎了对手的防线并攻入一球，帮助阿根廷队以 8 比 0 大胜巴拉圭队。

在此后对阵乌拉圭队的比赛中，再度替补登场的梅西依然有着惊艳的发挥：两粒进球并策划 1 个进球。赛后，阿根廷知名媒体《奥莱报》对梅西给予高度评价："利昂内尔是阿根廷队 4 比 1 大胜乌拉圭队比赛的关键球员，而更加不可思议的是，梅西比其他登场球员还要小两岁，但超出了一个档次。"

两场友谊赛，梅西交出了完美答卷，阿根廷青年队总负责人托卡利决心将梅西带到南美杯赛场上。这项赛事，是针对 20 岁以下球员开设的，也是世青赛的预选赛。当时只有 17 岁的梅西，需要跟比他大两岁的球员展开对抗。而在青年队赛事层面，每差一岁，所面临的比赛强度差异都十分巨大，身体对抗上也差别迥异。

不过，梅西并没有让托卡利与整个阿根廷失望。他深知自己不能坐上主力的位置，欣然接受替补位置，伺机展现自己。

小组赛首战，梅西在下半场替补登场仅仅 5 分钟，就在禁区外得球，用一个横向扯动后的左脚远射攻入一球，帮助球队取得 3 比 0 的大胜。

    次战玻利维亚队，再度在下半场比赛替补登场的梅西上演了超级经典的一幕，他从中场断球之后一条龙突击杀入对手禁区，面对门将轻松推射得分，帮助球队再度收获 3 比 0 的大胜；小组赛两轮，梅西都在替补登场后完成了进球。

    在此届赛事中，梅西最关键的发挥还是在阿根廷队对阵巴西队的 8 强战。下半场替补登场的他，攻入了制胜球，帮助阿根廷队以 2 比 1 淘汰巴西队。拿到该赛事季军之后，阿根廷队获得了荷兰世青赛的参赛资格。

    梅西在此届赛事表现惊艳，但只有 3 次首发登场无疑让人感到遗憾。对此，托卡利解释道："梅西年龄还太小，在与比他高大、年长的对手进行身体对抗，会有受伤的风险。两岁年龄差的青年球员，身体存在着鸿沟般的差异，我不想让他过早承担太多。"

    弗朗西斯科·费拉罗接替托卡利，成为阿根廷青年队的新主帅，并着手准备（荷兰世青赛）的球队名单。日后大放异彩的阿奎罗以及后来转会皇马的加戈都得以入选，当然这届青年队中最引人瞩目的，还是梅西。

第三章
问鼎青巅

独步天下：梅西传

雏鹰展翅

Lionel Messi

2005年荷兰世界青年足球锦标赛留给人们的美好记忆，除了中国青年队的优秀表现外，就是即将年满18周岁的梅西了。他在此届世青赛上一鸣惊人，率领阿根廷队最终夺得冠军，并以6粒进球收获金靴奖。

2003年世青赛，阿根廷队未能卫冕成功，败在了宿敌巴西队的脚下，仅获得第4名。这使得阿根廷队在2005年的夺冠渴望更加强烈。在荷兰小镇恩斯赫德的格洛施·维斯特球场，阿根廷国青队迎来了他们的第一个对手美国队。那场比赛中，阿根廷主教练费拉罗派出了经典的"442"阵形，将梅西放了替补席上。

美国队虽然星光黯淡，身体素质却极其强悍。特别是在青年队层级的比赛中，"一力降十会"显得格外重要。在美国队的纠缠下，灵气和才华出众的"潘帕斯小雏鹰"显得无比疲惫。此时，费拉罗派上梅西，让这个"小跳蚤"去冲击美国队的高大后防线。

继承自巴萨和拉玛西亚的优良传统，梅西展现出来的并不只是控球技术和完美的过人能力，还有在高强度的逼抢和压迫下的从容与自信。替补登场的梅西一度上演了连过四人、击溃美国队防线的好戏。可惜最终美国队以1比0爆冷击败阿根廷队。

"潘帕斯雏鹰"首战便告负，身为主教练的费拉罗备受诟病，因为他将梅西、卡多索、阿奎罗等人放在替补席，并且输给星光黯淡的美国队。三天后，在同一块场地对阵埃及队的比赛，将决定阿根廷队本次世青赛征程的命运。痛定思痛的费拉罗，决定全力拼出一胜，而梅西就是这场关键战的利刃。

 初露峥嵘

Lionel Messi

　　2005 年 6 月 14 日，阿根廷队迎战埃及青年队。费拉罗决定主动出击，以梅西为逼抢时的核心，一鼓作气拿下埃及队。"451" 阵形给予了梅西最大的发挥空间，同时队长萨巴莱塔略微拖后，给加戈和奥伯曼足够的插上空间，让他们尽全力辅助梅西进行进攻。

　　面对阿根廷队的高压逼抢，埃及队充分展现了北非球员的灵动和坚毅，并不慌乱。

　　久攻不下，阿根廷队略显焦急。下半场阿根廷队继续加强攻势，第 47 分钟，加戈在中场送出妙传，接球后的梅西毫不迟疑，在中路选择快速突施冷箭，对方门将猝不及防，随着皮球入网，梅西完成了世青赛上的首粒进球，也为阿根廷队吹响了进攻的号角。

伤停补时的第一分钟，队长萨巴莱塔用后插上得分的方式锁定了胜局，2比0，阿根廷队取得当届赛事的首胜。

赛后，打破僵局的梅西被媒体大为称赞，而梅西平静以对。作为气度从容的未来王者，没有像其他天才少年那般的豪气干云，而是沉静地思索着接下来的比赛。正所谓胸有激雷而面如平湖者，可拜上将军也。

小组赛收官战，对阵德国队，梅西虽然没有进球，却用自己突出的防守吸引能力，帮助卡多索在上半场即将结束时打入了全场的唯一进球。

阿根廷队在小组赛以2胜1负，排在2胜1平的美国队之后成功出线。在淘汰赛的赛场，阿根廷队迎来了南美洲的老对手——哥伦比亚队。

那支哥伦比亚队给阿根廷队带来了巨大的麻烦，虽然梅西被安排在单前锋的位置上游刃有余，但很难攻克哥伦比亚队的坚固防线。

比赛第51分钟，哥伦比亚队右边前卫奥塔瓦罗用一脚劲射打破了场上的僵局，阿根廷队又陷入了0比1落后的窘境。

6分钟过后，梅西接到了卡多索的传球，瞬间甩开了防守他的萨帕塔，冲到门前突然起脚打门！1比1！阿根廷队瞬间将比分扳平。

此后僵局一直持续到伤停补时的最后一分钟。阿根廷队的右后卫巴罗索利用哥伦比亚队门前的混战，完成了绝杀进球，帮助阿根廷队击败对手。

死里逃生的阿根廷队在梅西的带领下，挺进八强。

剑挑"斗牛士"

2005 年 6 月 26 日，世青赛 1/4 淘汰赛，阿根廷队遇到西班牙队。

这支"斗牛士军团"阵中，有梅西的巴萨青训营队友法布雷加斯，以及日后连夺三届洲际大赛冠军的西班牙国家队的半数成员。阿根廷队依然安排"451"阵形，梅西突前。

在本场比赛之前，费拉罗对"斗牛士军团"的踢法有充足准备。严格来讲，当时的阿根廷队阵容里，真正展现出惊人天赋的球员，只有梅西和队长萨巴莱塔。从球队整体实力来说，阿根廷队面对西班牙队是处于下风的。要想赢下这场比赛，球队势必要有针对性的布置战术。稳守反击，是阿根廷队本场比赛中的主旨。

阿根廷队防守反击的战术，很好地克制住西班牙队的传控打法。梅西的持球推进、突破冲击在整届赛事上都是独一无二的存在。

第 18 分钟，阿根廷队长萨巴莱塔抢点破门，首开纪录。第 25 分钟，西班牙队扎帕特尔低射破门，扳平比分。

此后比赛进入僵局，第 71 分钟，梅西接球，顺势低传到西班牙后卫的身后，奥耶尔曼反越位成功，面对出击的门将，轻巧地挑射破门，阿根廷队以 2 比 1 领先。

此后，西班牙队禁区解围，梅西机敏地截获皮球，摆脱对手防守，小角度推射破门。这粒行云流水般的进球，让阿根廷队以 3 比 1 锁定胜局，挺进半决赛。

巅峰对决

2005 年 6 月 28 日，"南美德比"史上绝无仅有的一天。在这一天里，巴西与阿根廷从国家队、俱乐部再到青年队，连续进行了三场交锋。

联合会杯，巴西队在决赛击败阿根廷队夺魁；南美解放杯半决赛，巴西的圣保罗 3 比 2 击败阿根廷的河床成功晋级决赛。而最重磅较量，则是荷兰世青赛的半决赛交锋。

这场世青赛的半决赛，堪称火星撞地球。上届冠军巴西队 4 次拿到世青赛冠军，而阿根廷队也毫不逊色，同样是 4 次捧杯，因此本场比赛被普遍认作"提前进行的决赛"。比赛开始后，阿根廷队率先发难。还是梅西，在第 7 分钟，阿根廷队中路快速渗透，梅西禁区前横向带球后突然起脚劲射，皮球直飞巴西队球门上角，阿根廷队 1 比 0 抢得领先优势。这也是梅西在本届世青赛的第 4 粒入球。

下半场第 74 分钟，巴西队获得左路任意球，里贝罗头球破门，将比分扳为 1 比 1 平。

补时第 3 分钟，梅西强行沿底线突入巴西队禁区，回传中路，混乱中萨巴莱塔门前施射，皮球击中后卫身体后折线飞入球门，2 比 1，阿根廷队淘汰巴西队，晋级决赛。

进入决赛的阿根廷队更加沉稳且成熟，梅西的状态也逐步进入了巅峰。当然，决赛的对手尼日利亚队在本届赛事的表现也不错。

上半场，尼日利亚队气势如虹，连续向阿根廷队的球门发动攻势。"非洲雄鹰"通过激烈的身体对抗和强硬的防守模式，频繁地制造犯规。上半场比赛中，"蓝白军团"制造的进攻机会并不多。第 39 分钟，梅西前场带球到禁区左侧被放倒，主裁判判罚点球，梅西主罚，将球推入左下角，打入本届世青赛的第 5 粒进球。

比赛的第 53 分钟，奥巴西在点球点附近俯身甩头破门，尼日利亚队扳平比分。比赛消耗非常大的"非洲雄鹰"似乎进入体能临界点，出现懈怠。第 74 分钟，阿奎罗禁区右侧突破被蒙迪·詹姆斯伸腿放倒，主裁判第二次判罚点球，梅西本场比赛第二次站在罚球点。面对门将，梅西冷静推射右下角入网，阿根廷队重新取得领先，梅西也攻入了本届赛事的第 6 粒进球。

阿根廷队将胜果保持到最后，以 2 比 1 击败尼日利亚队，夺得本届世青赛的冠军。

这届赛事对于梅西有着极其重要的作用，日后瓜迪奥拉为梅西专门设置"伪 9 号"，一定程度上参考了本届赛事梅西在这个位置上的精彩发挥。

此外，梅西发现对手的中场线和后卫线之间距离非常开阔。那时许多球队对这个区域的防守不够重视，通常是由后腰来拦截，但遭遇类似于梅西这样灵活且聪明的球员，防守就显得捉襟见肘了。在本届赛事上，梅西的关键发挥，通常是在这个区间来突破或者发起冲击的，甚至直塞身后球。

梅西在 2005 年世青赛创新性的表现，给其未来带来无限可能。

第四章
诺坎普之光

独步天下：梅西传

天才出世

Lionel Messi

2003 年 11 月，梅西在波尔图的巨龙球场完成了巴萨一线队的首秀，这座球场也因为在 2004 年欧洲杯上见证了 C 罗的横空出世，成为"绝代双骄"时代的起点。

梅西虽然代表了巴萨一线队出场，但当时的巴萨锋线上人才济济，拥有罗纳尔迪尼奥、久利、埃托奥等成名球星，梅西需要做的不仅是等待，还要不断提升自己。此时梅西在巴萨青年队已经没有发展的空间，于是，里杰卡尔德教练将梅西上调到一线队。

2004 年 2 月 4 日，梅西与巴萨签署第一份职业合同。2004 年 10 月 16 日，年仅 17 岁的梅西在巴萨与西班牙人的比赛中替补登场，完成巴萨（一线队）比赛首秀。

2005 年 7 月 8 日，西班牙足协修改了西甲青训非欧盟球员条款，允许 17 岁至 19 岁年龄段的非欧盟球员代表一线队出战且不占队中非欧盟球员名额（巴萨的三名非欧盟球员名额已被罗纳尔迪尼奥、马奎斯与埃托奥占据）。此规则出台后，遭到诸多西甲球会的一致反对，他们认定这个条款是专门为梅西而修改。巴萨在考虑到一系列的负面影响后，决定暂时雪藏 18 岁的梅西。

2005 年 9 月 26 日，梅西决定在不放弃阿根廷国籍的前提下，成为西班牙公民。这也意味着梅西拿到了西班牙护照，不必再因为非欧盟球员名额的限制而无法登场。

梅西终于可以名正言顺地代表巴萨一线队登场，接下来他急需一粒（一线队）进球来证明自己，但这粒进球迟迟未到。

2005 年 5 月 1 日，巴萨在诺坎普球场迎来阿尔巴塞特。比赛进行到第 87 分钟时，梅西替换埃托奥登场。两分钟之后，梅西接到罗纳尔迪尼奥的挑传，然后用一个观赏度很高的挑射，攻入自己在巴萨（一线队）的首粒进球。梅西的这个进球，让他成为巴萨在西甲联赛的最小进球纪录保持者，当时梅西跳上罗纳尔迪尼奥背上的画面，被巴萨乃至世界上的球迷反复提及。在一定意义上，这是巴萨国王衣钵的传承。

2005 年 11 月 19 日，巴萨与皇马的"国家德比"，梅西从中场带球狂奔 40 米，助攻埃托奥攻破皇马队的大门，虽然没有直接破门，但这次精彩绝伦的助攻让梅西收获了巨大的信心。

权杖交接

　　罗纳尔迪尼奥让巴萨从沉沦中崛起，成为"新一代梦之队"的核心，并率队席卷欧洲足坛，收获了1届欧冠冠军以及两届西甲冠军等荣耀。而当时，梅西收获西甲联赛处子球之后，跳到罗纳尔迪尼奥的背上进行庆祝，可谓意义非凡。

　　一位是成名已久的巴西天王，一位是崭露头角的阿根廷小将，足球层面水火不容的巴西与阿根廷，在异国他乡（巴萨）有了传承与友谊，一度成为美谈。

　　性格内敛的梅西，在初到西班牙之后就在青年队遭遇到了如何融入团队的困境，在上调一线队之后，面对成名已久的老大哥们，梅西显得无比局促。而他能快速融入一线队，完全得益于罗纳尔迪尼奥的关心。梅西此前曾透露："当时，在巴萨更衣室，我们这些从 B 队上来的球员坐在一起，一线队的球星们坐在另一边，看起来泾渭分明。有一次，罗纳尔迪尼奥突然走过来告诉我，让我同他们坐在一起。"

　　罗纳尔迪尼奥的一句话彻底融化了梅西的心，"你是唯一可以坐到这里的阿根廷人。"考虑到巴西和阿根廷在足球上的宿怨，巴西人与阿根廷人在俱乐部能成为朋友的可谓凤毛麟角，但是罗纳尔迪尼奥只用一句话，就将他的心与梅西贴在一起。

　　罗纳尔迪尼奥 1980 年出生，梅西 1987 年出生，以 5 年作为一个代沟的话，俩人存在差异，但他俩超越了门户之见、位置之争、年龄之别，这大概就是天才惜天才吧。

　　2004 年，巅峰时期的罗纳尔迪尼奥在接受媒体采访时，就谦虚地表示："别说我是世界最佳，即使在巴萨，我也不是，因为二队有个小利昂内尔，他比我出色得多。"

　　罗纳尔迪尼奥可以说是这个世界上第一位大牌的"梅吹"，因为罗纳尔迪尼奥从不放过向别人赞扬梅西的时机。而在梅西心中，罗纳尔迪尼奥一直是他的良师益友。

　　梅西逐渐崛起，已威胁到罗纳尔迪尼奥在巴萨的核心位置，而此时的小罗也因为在场外混乱的私生活而导致在场上状态下滑。

　　2008 年 7 月，巴萨决定树立梅西为核心，将罗纳尔迪尼奥交易到 AC 米兰。即便如此，罗纳尔迪尼奥也没有对于当年提携梅西而感到后悔。

　　知恩图报的梅西也因为巴萨卖走罗纳尔迪尼奥而首次反戈，炮轰巴萨，"罗纳尔迪尼奥是巴萨非常重要的一员，他改变了球队的历史，然而他离开巴萨的方式和受到的待遇远远比不上他的贡献。这一点让我非常遗憾。"

　　2018 年 1 月，罗纳尔迪尼奥宣布退役，梅西在个人平台上贴出了一张老照片，画面是他和罗纳尔迪尼奥在巴萨的训练场上的场景，照片不仅仅记录了他青春的样子，更能让人感受到梅西对于罗纳尔迪尼奥的感激与尊重。

红牌风波

Lionel Messi

2006 年 2 月 22 日，欧冠 1/8 决赛，巴萨与切尔西于斯坦福桥球场再次狭路相逢。穆里尼奥用标志性的嘲讽语言，给梅西扣上了"演员"的帽子。

2005 年欧冠 1/8 决赛，巴萨在斯坦福桥球场遭遇 2 比 4 失利后被切尔西淘汰。而 2006 年前，巴萨境遇并不好。埃托奥离队参加非洲杯，哈维受伤，联赛两连败，而切尔西的战绩斐然——49 场主场不败（38 胜 11 平）。

比赛开始，当梅西钻裆过掉罗本，却被奥尔诺重重放到在地，这一幕顿时让比赛陷入混乱，最终奥尔诺被判红牌离场。切尔西在少一人的情况下，被巴萨以 2 比 1 逆转。

赛后，"狂人"穆里尼奥如预料般地发炮："我们能做什么呢？能让奥尔诺的红牌取消吗？能因为梅西演戏就禁赛吗？加泰罗尼亚的戏剧很有水准，而梅西在那里学到了这些。""狂人"的这番无稽之谈，给巴萨戴上了"拉玛西亚影视学院"的帽子。

面对穆里尼奥的炮轰，里杰卡尔德透露："梅西的膝盖上有一处伤口，而大腿与脚上也有，他全身上下都是被攻击后的鞋印子。他说，他不疼，因为赢球了。"

在欧冠 1/8 决赛第二回合的对决中，巴萨如愿淘汰了切尔西，并一路杀到决赛。只可惜的是，梅西在比赛中右腿股二头肌撕裂了 4 厘米，需要 4 至 6 周的时间才能康复，梅西也因此错过了与阿森纳的欧冠决赛。

2005 年欧冠决赛，巴萨以 2 比 1 击败阿森纳，当队友们捧起欧冠奖杯忘情庆祝时，梅西并没有加入其中，他悲喜交加，神情落寞。当时他也许没有想到，虽然错过这巅峰一战，但接下来他将率领巴萨开启波澜壮阔的梦幻大时代。

复刻迭戈

　　"巴萨断球，哈维传球，梅西得球后连过了赫塔菲队的 4 名防守球员，又过掉门将，右脚射门得分。虽然右脚并不是他的惯用脚，但请记住这个进球吧，毫无疑问，这将是本赛季的最佳进球，这个进球让我想起了 1986 年马拉多纳对阵英格兰队的经典进球。"

　　2007 年 4 月 19 日，巴萨对阵赫塔菲比赛的上半场第 28 分钟，梅西上演连过 5 人单刀破门得分的神迹时，*Digital+* 电视台解说员对于这粒进球做了如上描述。

　　虽然解说员刻意去淡化，但在每个球迷的心中都不约而同地忆起 25 岁的马拉多纳打入的那粒世界杯最佳进球，而此时，年仅 19 岁的梅西复制了迭戈的壮举。

　　对比梅西与马拉多纳的进球。从视觉感官上来看，两人进球的方式、运行路线、过人的方式都有着惊人的相似。而细微的区别在于，梅西的进球用了 12 秒，而马拉多纳用了 10.8 秒；梅西为这个进球跑了 60 米，而马拉多纳跑了 62 米；触球比例上，梅西触球 13 次，马拉多纳触球 12 次……

　　只是，这些细微的差别已经不那么重要。

　　西班牙媒体《马卡报》在第二天用一个更加激进但是却很容易让人接受的标题来报道这个进球——《20 年 10 个月零 26 天之后，梅西复制了马拉多纳的进球》。

　　作为马拉多纳的接班人，梅西在很多时候都会被拿来与马拉多纳进行比较。当梅西复制了连过 5 人的经典进球之后，又在对阵西班牙人的德比战上留下"上帝之手"。

　　"梅西拿球，面对防守球员，把球交给埃托奥。埃托奥面对防守，把球交给赞布罗塔，这个球梅西在没有办法用头触球的情况下，而用手，就像迭戈那样，球进了！又是梅西，复制马拉多纳的另一个经典桥段，用左手扳平了比分。"

　　上述是 2007 年 6 月 9 日，巴萨对阵德比对手西班牙人时，梅西攻入手球进球时 *Digital+* 电视台解说员的解说场景。而这个"上帝之手"的进球，让梅西与马拉多纳的相似性讨论达到了一个全新的高度。毕竟，作为最新的一个"马拉多纳二世"，梅西在足球场上复制了马拉多纳一生为傲的两个经典。

　　作为当世名帅，温格虽然对梅西十分欣赏，但并非铁杆"梅吹"，他的点评代表了更多从业者的心声，"梅西就是马拉多纳，只是脚上增加了涡轮增压器。"

当《体育画报》在采访马拉多纳时提问："梅西能追赶上你吗？"对此，马拉多纳回答道："如果是为了阿根廷足球，那就让梅西超过我吧。"

作为球员曾与马拉多纳在球场上较量，而作为教练又执教梅西的里杰卡尔德，更有资格评判两人。不过，里杰卡尔德并未直接给出高下评判，只是狡猾地表示，梅西是独一无二的，不过，要将他与马拉多纳联系起来，还要等到他退役之后。

第五章
雏鹰振翅

独 步 天 下 ：梅 西 传

阿根廷国家队首秀

Lionel Messi

2005 年 8 月 17 日，阿根廷队与匈牙利队的热身赛，在 1 比 1 的僵局下，主帅佩克尔曼换上梅西，希望在加强全队进攻的同时，让梅西去感受一下国家队的气氛。

很可惜，梅西在国家队的首秀只持续了 43 秒，就因为突破摆脱时挥肘击中对手的面部，而被红牌罚下。这位 18 岁少年无助地走向场边，经历着成长的烦恼。

2006 年德国世界杯南美区预选赛，阿根廷队迎战巴拉圭队。阿根廷队以 1 比 0 领先，佩克尔曼又给了梅西 10 分钟的登场时间，虽然并没有收获进球，但梅西却真正地感受到了国家队的气氛。赛后，倔强的阿根廷媒体将这 10 分钟定义为 "Re-debut"（重新首秀），以这场比赛作为梅西的国家队首秀，希望他自此忘掉此前的 43 秒 "染红"。

2006 年 3 月 2 日，梅西在阿根廷队对阵克罗地亚队的友谊赛中，终于迎来自己在国家队的首粒进球：他内切过人后，用左脚兜出一记漂亮的弧线，皮球直接飞入死角。

梅西的这粒进球，让佩克尔曼坚定了带他去 2006 年世界杯的决心。当时的阿根廷队以里克尔梅为核心，锋线上有克雷斯波、特维斯与萨维奥拉等世界一流的攻击好手，梅西虽小有名气，但却无法撼动那些老大哥的主力位置。

佩克尔曼将梅西带到德国世界杯，希望这位 "金童" 能复制 1982 年世界杯马拉多纳的神奇。1982 年世界杯，马拉多纳虽然在对阵巴西队的比赛中 "染红" 离场，但他石破天惊的发挥，给予阿根廷队足球莫大的希望，也为 1986 年世界杯夺冠奠定基础。

2006 年初夏，面对即将到来的德国世界杯，梅西已经做好准备。

首次世界杯之旅

Lionel Messi

  德国盖尔森基兴的傲赴沙尔克球场，曾经诞生过许多足球经典时刻。2006 年 6 月 16 日世界杯小组赛，阿根廷队在这里送给塞黑队一场 6 比 0 的大胜。

  比赛的第 74 分钟，梅西替补登场，迎来了自己的世界杯首秀。这位拥有飘逸长发与清秀面庞的小将，在 16 分钟的登场时间内，一传一射，表现得无比惊艳。

  第 78 分钟，梅西先是造成对手犯规，快发任意球，然后机敏前插，得球后送出了一记精彩的低平球传中，克雷斯波拍马赶到，一蹴而就，完成破门。

  第 88 分钟，梅西接应特维斯的传递攻入一球。当皮球从对方门将双腿间钻入近角的那一刻，所有阿根廷球迷都心中畅想：这个梅西，与 1982 年的马拉多纳太像了！

  阿根廷队以小组头名晋级淘汰赛，但此后风云突变，阿根廷队在 1/4 决赛遭遇东道主德国队，梅西在替补席上枯坐 120 分钟，目睹了阿根廷队在点球大战告负。

  当阿根廷队被淘汰的那一刻，梅西意识到自己的第一次世界杯之旅就这样结束了。但没有人会为此而究责于他，这位还不满 20 岁的年轻人已经发挥得足够精彩。

  这虽然是一届不属于梅西的世界杯，对于他来说却意义重大。这次旅程不仅让梅西感受到了世界杯的氛围，还为他在 2008 年北京奥运会的华丽绽放下伏笔。

艰难的选择

Lionel Messi

早在 2004 年，梅西就通过电视见证了马斯切拉诺、特维斯领衔阿根廷国奥队在雅典奥运会夺得金牌，且一球未失。这个冠军对于阿根廷意义非凡，当时回顾奥运足球史，阿根廷只在 1928 年与 1996 年奥运会上拿到过银牌，其余时间，皆为看客。

2008 年北京奥运会时，阿根廷国奥队志在卫冕。梅西成为卫冕的最大倚仗，他的天赋远胜于特维斯，并且在 2005 年荷兰世青赛上就有完美的表现。然而要在奥运足球比赛中卫冕，绝非易事，上一次实现卫冕还要追溯到 1968 年的匈牙利队。

对于阿根廷民众的期盼，梅西做出了一个重要的决定，"我很想跟国家队一起奋战，奥运会对于绝大多数球员来说，是一生仅有一次的机会。如果我能去将十分开心。我不觉得这与巴萨的利益有冲突，相信俱乐部会理解我。"

巴萨上赛季只能以第三的身份出战欧冠资格赛，而且新帅瓜迪奥拉初来乍到，球队进入了一个重建期。梅西一旦被征召到阿根廷国奥队，将很大程度影响到巴萨的夏季备战，影响到瓜帅传控体系的新磨合。

罗纳尔迪尼奥离开后，巴萨让梅西成为诺坎普 10 号的新主人，而且给梅西开出了年薪 800 万欧元的新合约。从俱乐部层面来看，做得足够多了。对此，西班牙媒体言辞尖锐，"巴萨要踢欧冠资格赛，梅西不在？谁给他支付工资，是巴萨还是阿根廷足协？巴萨要在未来围绕梅西打造一支王者之师，但他却说了一声'回见'就去中国了。如果这个糟糕假设（他在参加奥运比赛时受伤）成为现实，谁来买单？"

因为种种问题，阿根廷足协与巴萨进入长达两个月的交涉期，依然未有结果。巴萨俱乐部表示："如果从保护我们的角度，梅西应该出现在欧冠资格赛上。"最终，时任国际足联主席的约瑟夫·布拉特站了出来，"国际足联一直强制要求俱乐部放行 23 岁以下的球员，这条规则在北京奥运会同样适用。"

最终，巴萨做出了艰难的决定，既确定了 21 岁的梅西在巴萨的未来，又尊重了其个人意愿，允许他参加北京奥运会。

巴萨与阿根廷足协博弈所制造的紧张气氛，也影响到在俱乐部备战的梅西。在训练期间，梅西罕见地与队友有了摩擦，瓜迪奥拉公开表达了对梅西的支持，"这种纷争的

　　舆论环境，最终伤害的还是梅西，这也是巴萨与阿根廷足协都不愿意看到的。"

　　新帅瓜迪奥拉的力挺，让梅西很快就找到状态，在接下来的友谊赛中上演了"帽子戏法"，率领巴萨大胜邓迪联。赛后，梅西焦急地等待着国际足联的裁定，并阐述观点，"要是国际足联认为我不必去参加奥运会，那我就留下来跟随巴萨备战新赛季。如果认定我必须去奥运会，那我就马上去，因为阿根廷国奥队已经不能再等下去了。"

　　几个小时之后终于尘埃落定，国际足联裁定：梅西必须去参加北京奥运会。

　　2008 年 8 月 1 日，梅西奔赴上海，火线加盟阿根廷国奥队，并与阿奎罗成为室友。回归阿根廷全队的大家庭，好友相聚，让梅西暂时远离舆论旋涡，露出久违的笑容。

奥运夺金路

Lionel Messi

2008 年 8 月 7 日，北京奥运男子足球小组赛，阿根廷队对阵科特迪瓦队。

上半场临近尾声时，里克尔梅长传，梅西用一个惊艳的卸球动作，接球的同时甩开防守球员，然后将球送入球门。此后在 1 比 1 的僵局下，又是梅西与里克尔梅的精妙配合，最后由劳塔罗·阿科斯塔在第 86 分钟攻入绝杀进球，阿根廷队以 2 比 1 击败科特迪瓦队，取得了开门红。

阿根廷队三战全胜顺利晋级奥运会 8 强，他们在上海八万人体育场迎来了强大的荷兰队，马拉多纳也来到了现场，他不仅要为自己的女婿阿奎罗加油，更要为梅西鼓劲。

梅西没有辜负阿根廷举国上下的期待，在比赛中他先是攻入一球，然后又在加时赛中送出一记穿过三名荷兰球员的长传，助攻迪马利亚破门，阿根廷队战胜荷兰队。

赛后，《号角报》称赞："荷兰队原本更有机会完成金牌梦想，但是梅西在球场上传射建功，解决了所有问题，给阿根廷队保留了夺金的希望。"

面对赞誉，梅西没有自满，面对镜头，他依然羞涩。"我们能晋级半决赛，离不开主帅的部署与全队的努力，我们的目标依然没有改变，不管接下来的对手是谁。"

半决赛对于梅西与阿根廷队来说，意味着太多。因为，他们的对手是巴西队。

巴西队的阵营中，有梅西的挚友与导师——罗纳尔迪尼奥。巴西队从来没有在奥运会足球赛事中获得金牌，迫切希望实现零的突破。因此他们将罗纳尔迪尼奥招入阵中。在这场探戈与桑巴的对决中，梅西与罗纳尔迪尼奥并不是"主角"，最吸引眼球的还是"梅开二度"的阿奎罗。最终阿根廷队以 3 比 0 完胜巴西队，挺进决赛。

赛后，梅西拥抱神情落寞的罗纳尔迪尼奥，寒暄了许久。

后来，梅西在采访时说："当时我给了罗纳尔迪尼奥一个拥抱，而他则祝贺了我，希望我们可以在决赛中赢球，我很感激他作为巴西球员对于阿根廷队的祝福。"

跨过巴西队大关，进入决赛的阿根廷队似乎拥有了夺冠军一切因素：梅西的出色发挥、整支球队的默契、中国球迷的支持及击败尼日利亚队的渴望。

比赛异常艰苦，双方在上半场均无建树。下半场第 58 分钟，梅西后场得球，没有持球推进，而是用一记传球击穿对手的防线，心领神会的迪马利亚得球后单刀杀入禁区，

面对门将挑射得分，阿根廷队以 1 比 0 击败尼日利亚队，夺得北京奥运的男足冠军。

阿根廷队成功卫冕，并在两届奥运会上，实现了 12 场连胜的伟业。

梅西在 2008 年奥运会的 5 场比赛中贡献 2 粒进球、3 次助攻，夺冠后的他真情流露：
"虽然经历了许多的困难与纷扰，但这个冠军让我觉得一切付出都是值得的，我们终于
为祖国做了一些事情。"即便是入了西班牙籍，但梅西声明只代表阿根廷队比赛。

夺冠后的梅西依然保持谦虚品质，坦言："阿根廷队在奥运会上完成卫冕，离不开
主帅巴蒂斯塔的部署以及全体球员的努力，而我只是做了应该做的。"

当梅西带着奥运金牌回到西班牙之后，展现出了真诚与成熟，"我帮助阿根廷队拿
到了奥运金牌，已经圆梦了。能完成奥运梦想，我要感谢巴萨给予我的支持，巴萨是我
值得奋斗终生的地方，接下来，我想给巴萨带来更多的冠军。"

第六章
王道开启

独步天下：梅西传

殊途同归

Lionel Messi

　　告别了辉煌的奥运之旅，梅西开启了巴萨的征程。2008 年对于西班牙、巴萨以及梅西来说，都是至关重要的一年，这一年是接下来数年里发生所有大事的源头。因此，在我们展开那个彪炳史册的 2008/2009 赛季之前，理应先回顾 2008 年的两大事件：

　　其一是 2008 年夏天西班牙夺得了德劳内杯，成为欧洲杯的新科冠军；其二是巴萨选用了瓜迪奥拉任球队新主帅，而不是之前呼声很高的穆里尼奥。

　　我们先来说第一件事。

　　西班牙队在 2010 年世界杯和 2012 年欧洲杯中拥有鲜明的"巴萨风格"，而 2008年阿拉贡内斯执教下的西班牙队还没有明显"巴萨化"。一方面是因为巴萨的"克鲁伊夫主义"风格还没有将各种元素融会贯通；另一方面彼时的阿拉贡内斯麾下阵容构成更多元化，融合了巴萨（普约尔、伊涅斯塔和哈维）、皇马（卡西利亚斯和拉莫斯）、瓦伦西亚（大卫·席尔瓦和比利亚）以及效力英超的一些球员。彼时，阿拉贡内斯所使用的是强化中路渗透和增强防守强度的足球战术：整体的传控优先于整体的压迫；边路作为中路策略的一种补充；节奏变化成为进攻、控制和防守三方面的主要手段。

　　这种融合了"超级拉科""克鲁伊夫主义"以及西班牙传统足球风格的战术，极大程度地激发了哈维、伊涅斯塔、席尔瓦和比利亚等技术型球员。

　　"组织中前卫"哈维在阿拉贡内斯的体系中发挥了至关重要的作用，并在 2008 年欧洲杯上大放异彩，成为西班牙足球史上最成功的"织梦者"。而在 2008 年之前，无论是范加尔还是里杰卡尔德，都未能完全激活哈维——前者将哈维用作了一个功能简单的组织后腰，而后者则完全将哈维视作德科的替补。

　　绰号"智叟"的阿拉贡内斯，虽然一生忠心于马德里竞技，但是这位战术大师对足球的理解已经超越了加泰罗尼亚和马德里之间的差异，直接影响了西班牙足球的进程。

　　而"智叟"的直接受益者，便是我们第二件事的主角——瓜迪奥拉。

　　巴萨经历内忧外患的 2007/2008 赛季之后，主帅里杰卡尔德下课，"梦二"王朝宣告终结。巴萨的帅位成为那个夏天的热门话题。从传统上来说，在克鲁伊夫之后，巴萨的主帅在多数情况下都是从那支"梦一"的股肱之臣（雷克萨奇）或者克鲁伊夫的门徒（范加尔、里杰卡尔德）等人之间挑选。但是让故事增加悬念的是，巴萨的主教练候选名单中还有一位"反传统"的名字——穆里尼奥。

与瓜迪奥拉相比较，穆里尼奥的履历显然精彩得多。在 21 世纪初时，穆里尼奥曾是巴萨主帅罗伯森和范加尔的翻译。随后回到葡萄牙的波尔图，并率队一路黑马最终夺冠。在这之后，他又加盟英超新贵切尔西，并率队以创纪录的积分夺得队史第一座英超联赛冠军奖杯。

在告别切尔西一个赛季后，穆里尼奥成为 2008 年巴萨新主教练的大热人选。关于巴萨新帅的人选问题上，克鲁伊夫站在了瓜迪奥拉的一边，因为没有人比他更了解自己的这位爱徒。

1990 年，一场巴萨二队比赛，瓜迪奥拉站在中圈靠后的位置，一脚一脚地将球传给队友。他既不前插，也不突破，只是球在他的脚下几乎不停顿。神奇的是，这个不贪球权的少年，仿佛成为整个球场的中心，所有队友都围绕着他转。

克鲁伊夫看了半场比赛，就感慨："这个孩子我要带到一线队去，他就是我梦寐以求的球员。"

也许从那一刻起，克鲁伊夫就知道，没有人比这个少年更理解自己的足球风格。这种认知，在 2008 年那个艰难的选择中，发挥了至关重要的作用。在看到克

　　鲁伊夫发话之后，向来魄力十足的拉波尔塔也决定放手一搏，放弃了显而易见能在短期内创造成绩的穆里尼奥，转而选择了传统风格的进一步延续。

　　到此，2008年的两件大事都已经有了答案。虽然看上去无论在时间还是在荣誉的归属上，两件事都是风马牛不相及。但是正是阿拉贡内斯将荷兰足球和西班牙足球的融合彻底激发了哈维和伊涅斯塔的能力，为后来的瓜迪奥拉提供了战术基石。殊途同归，在历史的节点上，英雄总是偶然而又必然地出现。

　　2008年5月9日，瓜迪奥拉出任巴萨主帅。一段波澜壮阔的大戏就此拉开序幕。

　　一段大戏的开始，也意味着一段大戏的落幕。里杰卡尔德教练的离任，带走了"梦二王朝"的最后一抹余晖，但每一位巴萨球迷都没有忘记"梦二"的辉煌。

　　进入21世纪，巴萨引入"巴西天王"罗纳尔迪尼奥，并邀请"荷兰三剑客"之一的里杰卡尔德来执教。2004/2005赛季，巴萨势如破竹终于赢得西甲冠军。

　　2005/2006赛季，里杰卡尔德率领巴萨不仅西甲卫冕成功，还在欧冠决赛中，以2比1击败阿森纳，赢得队史上第二座欧冠冠军奖杯，登上欧洲之巅。

　　彼时，罗纳尔迪尼奥、埃托奥等如日中天，而梅西、巴尔德斯、普约尔、哈维和伊涅斯塔这些拉玛西亚的小将们也都逐渐成为巴萨队的主力，"梦二队"终于诞生了。

"梦二"落幕

"梦二"的"美丽足球"风靡世界，但没有持续太久。

2007/2008赛季，随着亨利、亚亚·图雷、阿比达尔和米利托的加盟，巴萨的阵容空前强大，但他们无缘欧冠、西甲两项重要赛事的冠军 。2007/2008赛季结束，里杰卡尔德离开巴萨，跟随他一起离开的还有两名"梦二王朝"的核心人物：罗纳尔迪尼奥和德科，此外离开的还有图拉姆、赞布罗塔、埃德米尔森等人。

里杰卡尔德与罗纳尔迪尼奥的相继离去，标志着巴萨"梦二时代"的结束。

这次大规模的人才流失并未造成巴萨太大的战力损失，究其原因：罗纳尔迪尼奥和德科虽然是球队核心，但在2007/2008赛季球队崩盘已经证明了两人不再有扭转乾坤的能力。而赞布罗塔、埃德米尔森都已到了垂暮之年，图拉姆则直接选择了退役。

里杰卡尔德留给瓜迪奥拉的阵容依然强大：巴尔德斯仍然是合格的首发门将，中卫上普约尔和马奎斯的组合也十分稳健。中场方面，哈维和伊涅斯塔已经通过2008年欧洲杯证明了自己，亚亚·图雷也成为顶级组织型后腰。前锋线上，埃托奥留了下来，梅西已经在北京奥运会上显露王者风范，而亨利也选择了留守诺坎普。

"海布里之王"亨利怀揣着欧冠梦想来到巴萨，岂料遇上了混乱的一季。但是尽管如此，亨利在2007/2008赛季仍然在30场比赛中打入了12粒进球，是当赛季巴萨锋线最稳定的前锋。

埃托奥本来已经被瓜迪奥拉从新赛季名单剔除了，但是倔强的埃托奥拒绝以扫地出门的姿态离开，再加上转会市场上没有合适的替身，因此"猎豹"又回到了首发中锋的位置。庆幸的是，在新赛季，两人都证明了留守一年的正确，前者圆了欧冠的梦想，后者则证明了自己的价值。

　　而"梦二王朝"最大的价值，是哈维、伊涅斯塔和梅西。

　　哈维在 2008 年欧洲杯证明自己是"最强大脑"，伊涅斯塔拥有流畅细腻的盘带和突破技术、精准而富有想象力的传球，他可以胜任前场的所有位置。在瓜迪奥拉的手下，伊涅斯塔被赋予了"前场自由人"的角色。

　　罗纳尔迪尼奥离开，巴萨在锋线位置上出现巨大空缺。亨利和埃托奥都是攻城拔寨的好手，但是在与中场衔接和处理球的能力上都无法与小罗相媲美，更遑论小罗那天马行空的进攻设计，好在巴萨还有罗纳尔迪尼奥的"小老弟"梅西。

　　梅西出身拉玛西亚训练营，在小罗、德科和哈维等大师多年的影响下成长，已经具备了全能前锋的属性。在 2008 年奥运会赛场上，梅西就将组织、调度、突破、射门和吸引防守等多项职能集于一身。2008/2009 赛季，巴萨在阵容上保留了"梦二王朝"的重要框架之后，又大力引援。阿尔维斯以 3550 万欧元（创边卫转会纪录）的身价加盟巴萨，"红蓝军团"又从曼联回购了拉玛西亚出身的中后卫皮克。另外，赫莱布、卡塞雷斯、亨里克和平托也相继加盟，在各个位置上加强了巴萨的阵容厚度。

　　里杰卡尔德起笔，巴萨王朝隐隐浮现，但"宇宙队"征服天下的大历史，终将由瓜迪奥拉来描绘。在这幅历史画卷中，梅西将真正走上神坛，开启属于他的一个时代。

天纵奇才

Lionel Messi

　　"梦三王朝"并非一蹴而就。在瓜迪奥拉执教之初，球队的战绩十分尴尬。刚刚在奥运会领完金牌的梅西马不停蹄地赶回巴萨，在没有参加赛前集训的情况下和全队一起开打西甲第一仗。客场面对弱旅努曼西亚队，巴萨全场狂轰 27 脚射门却一球未进，反而被对手一个简单反击就打入一球，以 0 比 1 输掉了开幕战。

　　2008/2009 赛季，西甲联赛第 2 轮，巴萨主场迎战桑坦德竞技队，依旧是得势不得分，下半场，狂轰滥炸之后，梅西终于为巴萨打入一粒点球。但在终场前，桑坦德竞技队的加拉伊任意球破门，强行扳平了比分，巴萨以平局收场。

　　一平一负的开局让瓜迪奥拉遭遇媒体口诛笔伐。第 3 轮，瓜迪奥拉换掉休闲装，穿上西装，巴萨也迎来了大爆发，自此诞生了"换西装赢球"的典故。巴萨面对希洪竞技，锋线进攻群火力全开，梅西、埃托奥、哈维和伊涅斯塔为巴萨一共打入 6 粒进球，以 6 比 1 的狂胜挽回了声誉，也迎来了巴萨的爆发期。

　　瓜迪奥拉将进攻核心从锋线撤回到中场线，依靠哈维和伊涅斯塔的全面才华来组织进攻，充分展现出亨利和埃托奥的纵向冲刺和门前终结的优势，梅西在右边锋位置上也可以创造更多的得分空间。

　　西甲第 15 轮，巴萨以 2 比 0 斩落皇马。第 34 轮第二回合的"国家德比"，瓜迪奥拉画龙点睛，完成攻击力彻底升华：让梅西从右边锋改打中锋。

　　从右路拉到中路，梅西彻底接过了小罗留下的锋线核心的权杖。从为亨利和埃托奥吸引防守，改为驱策两

名核心前锋。回归中路的设计缩短了梅西和哈维、图雷以及伊涅斯塔之间的距离，让三名技术互补的拉玛西亚球员能够更频繁地连线。同时，梅西在对方后腰和中后卫之间，获得了更大的活动度，对方的后腰因为哈维和伊涅斯塔而不敢放肆地夹防梅西，而对方中卫和边卫则因为埃托奥和亨利而不敢前顶限制梅西。

这种战术改变的结果是，梅西可以在中路区域从容地转身、盘带和调度，彻底发挥自己的全能水平。不幸的是，皇马成了这套战术的第一个实验对象。在从第 15 轮输给巴萨到第 34 轮再遇巴萨期间，皇马在西甲联赛中保持了 18 轮不败，可惜他们又一次遇上了不可阻挡的巴萨和梅西。

皇马派上迪亚拉和加戈两名防守型中前卫，试图通过斩断哈维和伊涅斯塔之间的传球线路，左后卫则派上了阿根廷左后卫海因策，来专门遏制梅西。

而瓜迪奥拉将梅西调往中路，避开海因策，转而面对老迈的梅策尔德和卡纳瓦罗。这一记神来之笔不仅让梅策尔德和卡纳瓦罗狼狈不堪，同时陡然增加了加戈和迪亚拉的防守难度，结果皇马的左路进攻被彻底浪费，而中路的防守则左支右绌，卡纳瓦罗、梅策尔德、加戈和迪亚拉成为梅西、哈维和伊涅斯塔联袂封神的背景板。

比赛第 14 分钟，拉莫斯右路传中，无人防守的伊瓜因头球破门，皇马率先得分。

第 18 分钟，梅西挑传直塞亨利，亨利在禁区左侧处单刀直接推射入网。第 20 分钟，哈维在左路底线附近任意球传中，无人防守的普约尔头球冲顶破门。巴萨在 3 分钟内连入两球，反超皇马。第 36 分钟，哈维抢断迪亚拉，梅西单刀直入，推射入网。

下半场第 56 分钟拉莫斯近距离头球破门，将差距缩小至一球。但是两分钟之后，巴萨再次杀死了皇马的希望。第 58 分钟，哈维直传亨利，后者反越位成功并在禁区外面对出击的卡西利亚斯冷静推射，皮球最终滚入空门。

第 75 分钟，梅西和哈维在右侧肋部打出精彩的撞墙配合，梅西杀入禁区右侧推射破门，用自己的联赛第 23 粒进球彻底锁定胜局。接下来比赛进入了表演时间，第 83 分钟，

皮克小禁区左侧小角度射门入网，比分被定格为6比2。

梅西在这场经典之战中，以两射一传帮助巴萨取得决定联赛命运的胜利，并且宣告了瓜迪奥拉战术实验的无比正确。

如果说2008/2009赛季开始之前，梅西以奥运冠军和世青赛冠军的身份证明了自己是首屈一指的少年天才，那么这场6比2的大胜，则宣告了梅西已经是世界足坛傲视群雄的超级前锋。他以自己无与伦比的射门、盘带、突破、摆脱、策动、传球和护球能力，成为巴萨锋线上当之无愧的核心人物，成为瓜迪奥拉手中无可比拟的一把利刃。

伴随着梅西核心地位的确立，巴萨迎来了这出大戏的最高潮篇章。这段天纵奇才的神话，将成为荣誉陈列室中光辉灿烂的现实。

收获六冠

　　2009 年 5 月 27 日，欧冠决赛在罗马奥林匹克球场上演，巴萨与上届欧冠冠军曼联再度迎来对决。这不仅仅是巴萨（上赛季欧冠半决赛）的复仇之战，更是西甲和英超之间"天下第一联赛"的争夺战，也是传控足球与速度冲击打法的直接较量。

　　赛前英国媒体认为梅西将无法绽放光芒，有两点依据：第一，梅西此前 10 次和英超球队交锋，从未破门；第二，梅西不擅长头球，在长人林立的曼联防线中无法接球。

　　虽然曼联在开赛初期攻势极猛，但是率先破门的却是巴萨。第 10 分钟，伊涅斯塔中路带球突破塞到禁区右侧，埃托奥巧妙扣过维迪奇，随即抢在对手补防前，在门前 7 米处用右脚尖捅射，范德萨单手扑空，皮球滚入近角。

　　比分领先对于擅长防守反击的曼联来说，相当被动，因为被迫大举进攻后，就是会在防守上给巴萨越来越大的空间。果不其然，领先后的巴萨完全占据了优势。曼联始终处于被动状态，C 罗也没有了往日的犀利，只能疲于奔命。

　　第 70 分钟，梅西奉献了欧冠历史上的经典进球：普约尔在中场右侧断球策动反击，埃托奥右路低传被挡出，哈维右路再度得球突至禁区前沿，准确起球越过费迪南德头顶，梅西在距门 6 米处头球吊射，皮球飞入远角，2 比 0，巴萨几乎锁定胜局。

　　梅西用这一粒进球打破了英国媒体的偏见，这也是他足球生涯33场欧冠比赛的第17粒进球，并以9粒进球加冕2008/2009赛季欧冠最佳射手。

　　"哈维起脚传中时，已经准确地看到了我的跑位，我当时就感觉能得到球权，而且，看到范德萨站位靠前，我就选择把球向上顶。"这是梅西在欧冠决赛之后，对于自己精彩头球的点评，梅西将这粒头球破门留在欧冠的巅峰之战中。

　　对于爱徒的头球能力，瓜迪奥拉表示："我觉得你们不用去讨论梅西的头球技术，就我来说，梅西总有一天会打入一个伟大的头球，然后让你们闭嘴。"

　　巴萨以2比0击败曼联，夺得欧冠冠军，自此，巴萨收获2008/2009赛季的国王杯、西甲和欧冠三项冠军。从2007/2008赛季的崩盘，到2008/2009赛季的三冠王，巴萨在梅西、哈维、伊涅斯塔和瓜迪奥拉等人的努力下强势崛起。

　　豪取三冠王后，巴萨并没有停下脚步。一个夏天之后，巴萨又拿下了欧洲超级杯、西班牙超级杯和世俱杯三项冠军，成为足球历史首支在自然年里夺得六项顶级赛事冠军的球队，"六冠王"的名号前无古人。

　　作为"六冠王"的核心前锋，梅西毫无争议地当选2009年世界足球先生并获得金球奖，正式加冕世界足球第一人，而这只是接下来他真正让世人疯狂的表现的开始。

　　"梦三王朝"和"梅西时代"的大幕，以"六冠王"的姿态徐徐拉开。

第七章
登峰造极

独步天下：梅西传

极致传控

Lionel Messi

2009 年，亲手缔造"梦二王朝"并开启"梦三"序幕的巴萨主席拉波尔塔输掉大选，耐克高管出身的桑德罗·罗塞尔出任新主席，巴萨进入现代商业化时代。

瓜迪奥拉完成整体战术架构之后，开始尝试将支点型中锋融入传控体系中。由于亨利、埃托奥都属于轻灵型前锋，越来越多的球队用密集防守来应对巴萨的攻击。为了破解密集防守，瓜迪奥拉选了可以在禁区内牵制对手的中锋——伊布拉希莫维奇。

在竞技层面上，伊布是毋庸置疑的完美人选：他身材高大，身高 1.95 米的他比绝大多数后卫还要高上一截；他技术细腻，曾屡次上演撕破对手整条后卫线的好戏；他射术精湛，一招"蝎子摆尾"堪称独门绝技；他组织出色，可以在进攻核心区域站住位置，并为队友做出不错的传球。伊布具备传统高中锋的身材模板和终结能力，又具备拉丁化前锋的脚下技术和传接球基本功。正是如此，瓜迪奥拉用埃托奥加上赫莱布（免费租借）再加 4600 万欧元的天价换来"瑞典高塔"伊布拉希莫维奇。

可惜现实并非如此，伊布桀骜的性格和核心化的踢法与瓜迪奥拉格格不入。他既不愿意融入梅西、哈维和伊涅斯塔构成的精密体系，也不愿意去和对方肉搏来为队友创造空间。最后，伊布和瓜迪奥拉到了水火不容的地步后分道扬镳。

除了伊布拉希莫维奇，瓜迪奥拉以 2500 万欧元高价招募的齐格林斯基未能在 2009/2010 赛季打出令人满意的水准。但是与伊布不同，瓜迪奥拉试图再给齐格林斯基一个赛季的机会来尝试，但后者还是回到了老东家顿涅茨克矿工。

另外，瓜迪奥拉在组织后腰的位置上坚持起用新人布斯克茨的做法也在一定程度上影响了图雷、哈维和伊涅斯塔中场组合的身体对抗能力，由面对穆里尼奥麾下国际米兰的强硬防守，对抗不足的巴萨中场无法踢出洒脱自如的传接球配合，这也是巴萨在 2010 年欧冠半决赛输给国米的重要原因之一。

巴萨在 2009/2010 赛季不能说是失败，他们拿下西甲联赛冠军，在欧冠赛场上也闯入半决赛。但是参照 2008/2009 赛季史诗级的战绩来说，仅仅一个西甲冠军却说明了瓜迪奥拉多项试验的失败，2009/2010 赛季的巴萨失去了卫冕欧冠的机会。

尽管如此，梅西仍然在 2009/2010 赛季打出了"足坛第一人"的超级表现。那个赛季，

梅西在联赛中出战 35 场，打入 34 粒进球，蝉联西甲最佳射手。欧冠赛场出战 11 场，梅西打入 8 粒进球，也蝉联了欧冠最佳射手。其中，在对阵阿森纳的淘汰赛中上演"大四喜"，率领巴萨以 4 比 1 大胜对手。正是梅西的超常发挥，才稳住了瓜迪奥拉的帅位。

2010 年世界杯，以巴萨为班底的西班牙队在南非创造了历史，捧起了西班牙史上第一座大力神杯。而梅西却经历了一次失意的世界杯，这里的故事将在后面详述。

瓜迪奥拉放弃了高中锋的试验，转而走上将传控风格发展到极致的道路，Tiki-Taka 战术（快速跑动短传，配合繁复默契，控制绝对球权，突然一击致命），在瓜帅这里发扬光大。然而物极必反，这一选择在后来也险些导致"梦三王朝"的崩盘。

2010 年夏天，巴萨送走了伊布之后，深化梅西的核心地位，准备迎接新赛季。

在伊布离开后，老将亨利也转战美国大联盟，巴萨需要一个能够在关键时刻挺身而出的超级球星，于是他们引进了西班牙王牌射手——比利亚。

比利亚的身高、步频都和梅西十分接近，又不占据大量球权，人与球结合的速度快，擅长传切跑位配合。在位置上，比利亚可边可中，能够适应梅西灵活换位。

因为比利亚的加盟，瓜迪奥拉在战术设想出现了一定程度的回归，走上了将地面技术发展到极致的道路，整条锋线也都围绕梅西来设计。

这支球队已经彻底属于梅西。如果说 2008/2009 赛季，巴萨的爆发要归功于瓜迪奥拉的眼光和哈维、伊涅斯塔与梅西等人的成熟的话，那么在 2010/2011 赛季，巴萨能否更进一步，则完全取决于梅西能否进一步全方位进化。

船的龙骨已经铸就，甲板已经铺好，舵手已经就位，风帆已经升起，能够航行多远，则完全取决于风能够有多强劲、多持久了。

这股风，就是梅西。

世纪德比的"五指山"

Lionel Messi

2010/2011 赛季，巴萨最重要的对手还是皇马。

2010 年 5 月，皇马请穆里尼奥来执教，加上 2009 年夏天加盟的卡卡、C 罗、阿隆索、本泽马等球员，打算组建星光闪耀的"银河战舰二期"，第一步就是要扳倒巴萨。

穆里尼奥上任后，摒弃了传统拉丁化的攻势足球，改为顽强防守、快速反击战术。他签入了赫迪拉、迪马利亚、卡瓦略等人，皇马无论在后线防守还是快速反击，都已经具备足够的优秀球员。

2010/2011 赛季 12 轮战罢，巴萨和皇马均未尝败绩。

2010 年 11 月 30 日，西甲第 13 轮，巴萨与皇马的首番"国家德比"在诺坎普打响。这一天恰逢巴萨俱乐部 111 周年纪念日，可谓意义非凡。

此番"国家德比"看点十足：瓜帅与穆帅，两大名帅在场下斗智；梅西与 C 罗，"绝代双骄"在场上争锋；巴萨与皇马，两支身价最高的球队将一决雌雄……除了上述因素之外，人们也亟待知晓：穆里尼奥这位对抗巴萨最成功的主教练，将率领皇马如何继续对抗"宇宙队"，他的三后腰体系，能否遏制住梅西？

比赛一开始，巴萨就展开攻势，梅西、哈维、伊涅斯塔和比利亚比平时更快，加上大雨使得草地湿滑，皮球运转速度更快，坐拥主场优势的巴萨很快就进入了比赛节奏。

比赛刚开始的第 5 分钟，梅西便在禁区右侧几乎零角度的位置突施吊射，可惜稍稍偏出。这记匪夷所思的吊射虽然未能破门，但展现出梅西的无比自信。

第 9 分钟，伊涅斯塔左侧禁区前突然大力直塞，马塞洛铲球解围未果，无人看防的哈维面对卡西利亚斯，用一个"踢毽子"动作将球挑进球门，1 比 0，巴萨领先！

第 17 分钟，比利亚晃过拉莫斯后在底线横传，卡西利亚斯接传中脱手，佩德罗从马塞洛身后突然杀出，并在小禁区内右脚将球送入空门，巴萨再下一城，2 比 0。

两球领先后，巴萨在中路的渗透更加流畅自如。下半场第 54 分钟，梅西拿球面对阿隆索直传身后，比利亚插入禁区右侧接球后低射破门。3 比 0，巴萨以三球领先！

第 56 分钟，梅西在反击中突然直塞，比利亚禁区左侧拿球后，右脚外脚背射门，皮球从卡西利亚斯两腿之间穿过。4 比 0，比利亚"梅开二度"，巴萨领先四球！

梅西送出两记助攻，穆里尼奥指挥皇马悍将们对梅西进行夹抢和粗野犯规。在多名球员拿到黄牌之后，皇马的防守线已不堪一击。比赛第 90 分钟，梅西在中路策动反击，小将赫弗伦门前抢点破门，5 比 0，巴萨最终以五球的巨大优势完胜皇马！

皮克向镜头做出"5"的手势，成为"国家德比"历史上经典的画面之一，而赛前被寄予厚望的穆里尼奥则遭遇了执教以来最惨痛的失利。

由于穆里尼奥的到来，加上 C 罗、迪马利亚、佩佩、阿隆索、卡瓦略和卡西利亚斯等名将云集，人们本以为皇马足以对抗"宇宙队"。但是这场载入史册的经典战役向全世界宣告，巴萨仍然是所向披靡的"宇宙队"，梅西仍然是世界最好的足球运动员。

这场本被认为是火星撞地球的"世纪德比"，却因为强盛的巴萨体系和如日中天的梅西而成为一场惨烈的屠杀。此战之后，梅西和巴萨又多次和皇马狭路相逢，甚至在本赛季末出现了 20 天内 4 度上演"国家德比"的赛程。

战火已经点燃，号角已经吹响，梅西的王者征程已经拉开帷幕。

淘汰皇马

Lionel Messi

　　2010 年，FIFA 世界足球先生奖项和法国足球金球奖完成合并，合并后的第一年，金球奖评选万众瞩目。颁奖前呼声极高的世界杯冠军（西班牙）主力球员伊涅斯塔、哈维和国米三冠王兼世界杯亚军（荷兰）核心球员的斯内德均未获得金球奖，评委们还是把更多的选票投给了梅西。

　　梅西连续两年蝉联金球奖，需要用更多的进球来证明自己。那时的巴萨，也将瓜迪奥拉的足球哲学融进了骨髓。团队的默契最大限度地释放了梅西的能量，在一个各方面趋于完美的球队中，梅西的发挥也如鱼得水。

　　2010/2011 赛季，梅西在各条战线上不断闪光。在客场 8 球横扫阿尔梅里亚的比赛中，梅西上演"帽子戏法"，打进了自己在西甲联赛中的第 99、第 100、第 101 粒进球。

　　2010/2011 赛季西甲第 32 轮，巴萨做客伯纳乌，正式开启巴萨与皇马在 20 天 4 次交锋的序幕。彼时巴萨已在积分榜上领先皇马太多，这场无关紧要的比赛以平局结束。

梅西与 C 罗在这场比赛中各罚入一粒点球，巴萨对皇马的联赛五连杀也就此戛然而止。最终巴萨联赛以 96 分完成西甲三连冠，继续统治西甲江湖。

2011 年 4 月 28 日，欧冠半决赛首回合比赛，巴萨再遇皇马，与上一场"国家德比"不同，此役巴萨必须拿下，才能大概率晋级欧冠决赛。

比赛开始，巴萨便开启强大攻势，控球率达到七成以上。但"红蓝军团"久攻不下，皇马的防线固若金汤，并用不断的犯规打断巴萨的传控节奏。

第 53 分钟，拉莫斯后场对梅西犯规被罚黄牌。第 60 分钟，佩德罗切入禁区右侧在马塞洛防守下摔倒，却没有被判点球。第 61 分钟，佩佩在前场恶意蹬踏阿尔维斯犯规被红牌直接罚下。穆里尼奥也因为嘲讽裁判而被直接罚上看台。

损失了防守悍将佩佩，皇马的后防线开始松动。巴萨嗅到战机，在第 77 分钟终于打破僵局，阿费莱突入禁区右侧后低平球传中，梅西在中路插上捅射破门，1 比 0 ！

第 86 分钟，梅西在中圈向前的位置上带球突然启动，依靠速度从迪亚拉和阿隆索的双人包夹中冲出，再趟球摆脱了拉莫斯、阿尔比奥尔，马塞洛从右侧前来夹击，但梅西用右脚将球路向左，稍稍调整后小角度射门，皮球直挂网窝！

从 86 分钟 15 秒启动，到 86 分钟 22 秒皮球入网，梅西用 7 秒钟突破了皇马 6 名球员：阿隆索、迪亚拉、拉莫斯、阿尔比奥尔、马塞洛和卡西利亚斯。这条世界上最出色的铁血防线，被梅西一个人土崩瓦解。无论从这粒进球的重要性，还是从对手强度而言，梅西的这粒进球都超越了他当年对阵赫塔菲时复制马拉多纳的那粒世纪进球，也成为欧冠历史上最精彩的个人表演之一。

虽然马塞洛为皇马拼到了一粒客场进球，但是次回合 1 比 1、首回合 2 比 0 的大局势已经确保巴萨淘汰皇马，可以顺利进军温布利大球场。

在那里等候的是 2009 年夏天功败垂成，如今再次向巴萨发起挑战的曼联。

五冠封王

Lionel Messi

2011 年欧冠决赛，是温布利大球场创纪录的第 6 次承办欧冠决赛，此次进军欧冠决赛的巴萨已经改写历史，第 17 次亮相欧洲三大杯决战，超越皇马的 16 次。

从某种意义上讲，巴萨与曼联这次重逢是两年前决赛的一次延续。在两支俱乐部的22 名先发球员中，有 13 人曾在两年前的奥林匹克球场首发登场。巴萨依然由哈维、伊涅斯塔和梅西坐镇，曼联也保留由费迪南德、吉格斯、朴智星和鲁尼组成的中轴线。

这次欧冠决赛是当赛季欧冠进球最多的球队与失球最少的队伍之间的较量。巴萨在欧冠赛场持续着最强的进攻，而曼联是欧冠最强的防守球队。

最利的矛和最强的盾，在"欧洲之巅"狭路相逢。

曼联一上来就进行了高强度的逼抢，试图抢先进球，随后坚持"1 比 0 主义"。

10 分钟后，曼联在高位逼抢的强度开始下滑，巴萨逐渐找到节奏。第 27 分钟，哈维在中路分球到右侧，曼联后场出现空档，佩德罗拍马赶到右脚低射，打入巴萨在欧战赛场的第 900 个进球，巴萨以 1 比 0 领先！

落后的曼联策动反攻，第 34 分钟，鲁尼在右肋直塞，禁区内的吉格斯接球后横敲，鲁尼抢在门前 14 米处推射，皮球直挂左上角，鲁尼打入自己的第 24 粒欧冠进球，为"红魔"扳平比分，24 粒进球也追平了英格兰球员在欧冠赛场的进球纪录。

下半场伊始，巴萨形成围攻局面。第 54 分钟，梅西接到伊涅斯塔的横传，身后的朴智星干扰不及，梅西果断地在大禁区前沿右脚劲射，曼联门将范德萨因视线受阻而扑救不及，皮球钻入球网。梅西就此追平了范尼保持的欧冠单赛季入 12 球的纪录，同时这也是梅西在近两个赛季中为巴萨打入的第 100 个正赛进球。巴萨以 2 比 1 领先曼联。

第 64 分钟，巴萨在前场打出精妙配合。阿尔维斯接哈维过顶传球后轻敲，中路抢点的梅西用脚后跟巧射，皮球直奔球门左下角的死角而去，门线前的法比奥奋力封堵成功救险，但是这次救险却拉伤了法比奥的大腿，不得不被纳尼换下场。

刚刚上场的纳尼连身体还未预热，就遭遇梅西的突破。杀入禁区的梅西倒三角传球被卡里克破坏，随后赶到的纳尼并未及时解围，皮球又被布斯克茨抢下。"布教授"得球后迅速将球回传给大禁区前沿埋伏的比利亚，后者接球后搓出一记漂亮的弧线球，皮

球从范德萨的双手间灵巧地钻进了球门。3比1！巴萨锁定胜局。

正是梅西敏锐地发现并针对性地打击了朴智星这一曼联弱环之后，巴萨才有了接下来的两粒决定胜局的进球。两年前，梅西用一记头球打破英格兰媒体的不实断言；两年后，梅西在英格兰，用一粒进球和一次精彩的策动进攻，让所有质疑者闭嘴。

最终巴萨以3比1击败曼联，捧起欧冠冠军奖杯，此后巴萨还拿下西班牙超级杯、欧洲超级杯和世俱杯的冠军，加上此前取得的西甲联赛冠军，2011年，巴萨以"五冠王"的至尊殊荣，再次叫响了"宇宙队"崛起的号角。

梅西将西甲与欧冠的最佳射手奖项收入囊中，并打破了一大串纪录。他凭借着率领巴萨豪取"五冠王"的显赫战绩以及无解的个人表现，蝉联了2011年金球奖。在国际足联的世界足球先生和《法国足球》金球奖合并之后，梅西就没有让这个奖旁落。

梅西三次收获金球奖，已比肩普拉蒂尼、克鲁伊夫等传奇巨星的高度，而此时的梅西才仅仅25岁，未来不可限量。

在2011年，登峰造极的巴萨和登峰造极的梅西，相得益彰。

第八章
纪录与梦魇

独 步 天 下 ：梅 西 传

瓜帅谢幕

Lionel Messi

伊布的中锋战术失败，对瓜迪奥拉影响深远，使得瓜帅带领巴萨走上极致地面传控的道路。但是足球战术是一个讲求平衡的整体，平面与空间、技术与对抗等元素，都应该尽可能平衡。一个侧面走到极限时，看似强大，往往意味着危机。

2009/2010 赛季虽然不成功，但伊布的存在让战术是均衡的。2010/2011 赛季尽管从战果上来说光辉绚烂，成功主要归功于全队上下众志成城。巴萨经历了"五冠王"的 2011 年之后，开始出现松动的迹象。正是这些迹象，也促使瓜迪奥拉开始更加激进的战术尝试，譬如过分相信节奏控制和前场传导单后卫的"343 体系"。

在如此激进的战术体系下，巴萨在前场的传控达到一个空前的高度，几乎令人窒息的风格也将巴萨自己的进攻空间越压越小。雪上加霜的是，2010/2011 赛季重要火力点比利亚，在世俱杯的比赛上重伤离场，并直接宣布赛季结束。

比利亚的缺席，使得巴萨在前锋线上只有梅西具有破局能力，虽然桑切斯、昆卡、特略等锋线的新鲜血液都表现出不错的战力，但是又都各有缺陷："意甲过人王"桑切斯难于融入巴萨体系；昆卡虽然灵气十足，但是对抗不足；特略虽然冲击力极强，但是对战术的领悟能力不高，因此巴萨患上"梅西依赖症"就不足为奇。

对于梅西而言，这种"依赖症"更加激发了他的进攻能力。由于瓜迪奥拉完全围绕梅西来设计进攻体系，于是梅西拥有了无限开火权和战术选择权。再加上正值巅峰的身体状态，梅西在 2011/2012 赛季掀出不可阻挡的进球狂潮。

1971/1972 赛季，穆勒不可思议地打进 40 球，成为德甲最佳射手，这一纪录，在之后 40 年的时间里，一直是欧洲五大联赛的单赛季个人进球纪录。

2010/2011 赛季，C 罗打进 40 球（梅西打进 31 球），追平德国前锋盖德·穆勒保持的纪录。2011/2012 赛季，梅西和 C 罗双双打破穆勒纪录，C 罗打进 46 球，而梅西更是匪夷所思地在 37 场比赛中打进了 50 球，平均每场进球率高达 1.35。

2011/2012 赛季，梅西在西甲联赛打进 50 球，在欧战和国内杯赛上打进 23 球，从而以 73 球，打破穆勒保持了 40 年的单赛季 67 球的（欧洲五大联赛）总进球纪录。加上梅西获得 2011 年度金球奖、实现历史性"金球奖三连霸"，可谓战果丰硕。

遗憾的是，梅西的个人超神表现未能让巴萨收获一个完美的赛季。2011/2012 赛季下半程，由于与管理层关系不佳以及更衣室等问题导致瓜迪奥拉动了离开的念头。再加上球队大面积的伤病，导致战力短缺、军心不稳，巴萨在赛场上也出现了意外。

2012 年初，巴萨以 2 比 3 输给奥萨苏纳之后，已经落后皇马多达 10 分，几乎提前告别了西甲联赛冠军。而在欧冠征途上，虽然巴萨一路杀到了半决赛，但面对着"菜鸟教练"迪马特奥带领的伤兵满营的切尔西，仍被淘汰出局。

首回合比赛在斯坦福桥举行，巴萨以 0 比 1 不敌切尔西，回到诺坎普的次回合比赛，瓜迪奥拉变阵"343"，以求打破"蓝军"铁桶防守。

比赛第 35 分钟，昆卡左侧传中，布斯克茨在小禁区边缘外推射入网。第 43 分钟，梅西突破后直传，伊涅斯塔接球后推射破门，2 比 0，巴萨领先。上半场补时阶段，兰帕德送出直传，拉米雷斯轻巧挑射破门，1 比 2，切尔西扳回一城。

第 49 分钟，法布雷加斯突入禁区被德罗巴铲倒，博得点球，梅西主罚，一脚劲射，却击中横梁弹出，罚失点球的梅西深陷懊悔和沮丧之中。

第 83 分钟，梅西劲射击中右侧立柱，仿佛命运之神不再眷顾这支"宇宙队"。

比赛刚过第 90 分钟，巴萨全线压上攻门未果，托雷斯从半场得到解围球，长驱直入，单骑带球突至禁区，轻灵晃过巴尔德斯，将球射入空门，将比分扳成 2 比 2 平。

最后，切尔西以两回合总比分 3 比 2，击败巴萨，晋级欧冠决赛。

欧冠出局后，巴萨虽然在国王杯决赛中 3 比 0 击败了毕尔巴鄂竞技，为这个失败的赛季挽回了一丝颜面，但是几乎无人为此感到欣喜。因为早在 2012 年 4 月 27 日，瓜迪奥拉就宣布将在赛季结束后辞去主教练的职务。

尽管梅西表现依旧强劲，但未能力挽狂澜于既倒，伴随着瓜迪奥拉的离开，轰动足坛的"梦三王朝"也已经落下了帷幕。庆幸的是，巴萨仍然拥有巅峰之年的伊涅斯塔和梅西，最好的组织中场和世界最佳前锋将组成新的基石。

大幕虽已落下，但好戏仍未散场，梅西的超神表现仍在继续。

重返地球

Lionel Messi

天下无不散的宴席，瓜帅虽然走了，但留给巴萨一套"三条线"配制合理的班底。

前锋线上，有梅西、佩德罗、比利亚、桑切斯。

中场方面，有哈维、伊涅斯塔、布斯克茨的"铁三角"，加上从阿森纳回归一年的法布雷加斯，中场厚度一时无两。

后防线略显羸弱，皮克的状态一直成谜，与他搭档的"小马哥"虽然表现一直不错，但毕竟是后腰出身，属于兼职。作为铁血队长的普约尔年事已高，状态下滑。阿比达尔身患癌症，让左后卫的位置上出现了巨大真空。

2012 年 6 月，蒂托·比拉诺瓦执掌巴萨帅印，他将引援中心放在后防线上。巴萨签下瓦伦西亚的左后卫霍尔迪·阿尔巴，这笔一千多万欧元的引援物有所值。

经过一个夏天的筹措，巴萨在新掌舵人比拉诺瓦的率领下再次扬帆启航。

2012/2013 赛季，比拉诺瓦对于瓜迪奥拉遗留的问题，采取修正的方法。

首先，巴萨的中长传数量开始显著增加，更多地尝试远射，梅西在中路后撤。

此外，改变了瓜迪奥拉后期的四名中场的战术选择，回归传统的"433"体系。

从当赛季的上半赛季来看，比拉诺瓦的选择是正确的。哈维依然拥有惊人的掌控力，伊涅斯塔成为进攻串联核心，而梅西的发挥一如既往的神奇。

2012 年夏天的欧洲杯，伊涅斯塔以大师级的表现拿到赛事最佳球员，并帮助西班牙队卫冕成功，完成连续三届大赛夺冠的宏伟事业，开创了名副其实的"斗牛士王朝"。

2012/2013 赛季上半程，由于比拉诺瓦治下的巴萨比赛节奏更快，伊涅斯塔大量地在禁区前沿持球、突破并完成最后一传。因为仕身高、步频和思维节奏上的高度一致，伊涅斯塔与梅西的配合尤比默契，他们的配合攻击成了当时巴萨最重要的进攻手段之一。

虽然在全队统治力方面，2012/2013 赛季的巴萨不如瓜迪奥拉时代那样强大，但梅西个人能力反而因此得以淋漓尽致地发挥。在伊涅斯塔、法布雷加斯和佩德罗的辅佐下，梅西完成了前无古人的旷世神迹。

这座神迹，便是破历史纪录的单自然年 91 粒进球。

可以说，作为"宇宙队"的巴萨重返地球，但作为球王的梅西仍高居神坛。

91 球神迹

进入 2012 年，梅西在 1 月和 2 月几乎无所不能：长途奔袭如精灵穿梭，闪转腾挪间拨云见日；禁区边缘动如脱兔，疾风启动中脱敌于无形；曼妙挑射更是智慧与技术的结晶……世界开始意识到，这一年的梅西似乎无法阻挡。他在 1 月和 2 月期间共打进 17 球，人们还无暇震惊，因为这只是"神迹年"的开始。

梅西在 3 月迎来真正的爆发，单月共打进 13 球，并且留下一连串闪光纪录。

3 月初，阿根廷队在瑞士国家体育场以 3 比 1 击败瑞士队，梅西上演个人的首个国家队"帽子戏法"，而这个场地，正是 1954 年"伯尔尼奇迹"的诞生地。

2012 年 3 月 8 日，欧冠 16 强的第二回合比赛，巴萨坐镇诺坎普球场以 7 比 1 狂胜勒沃库森，梅西上演"五子登科"，创造欧冠改制以来首位单场进 5 球的纪录。

2012 年 3 月 21 日，巴萨以 5 比 3 击溃格拉纳达，梅西上演"帽子戏法"，为巴萨累计进球数达到 234 粒，超越塞萨尔·罗德里格斯的 232 球，创巴萨队史的新纪录。

进入 4 月，梅西在欧冠 8 强战对阵米兰的次回合比赛中，打了两粒点球，也就此创造了 1992/1993 赛季改制后欧冠单赛季进 14 球的历史纪录。虽然这个纪录在之后被 C 罗和莱万多夫斯基打破，但在当时，这个纪录前无古人。

西甲的赛场上，梅西将 2012/2013 赛季的进球数字，定格在了史无前例的 50 粒。

2012 年休赛期，阿根廷队经过一番荡气回肠的鏖战，最终以 4 比 3 击败老对手巴西队，梅西再次上演"帽子戏法"，其中包括一记锁定胜局的"世界波"。

梅西在 2012/2013 赛季火力依旧强大，从赛季初的西班牙超级杯开始，再到 8 月和 9 月的进球浪潮之后，梅西火力全开的同时，巴萨以全胜战绩领跑西甲积分榜。

来到 10 月，梅西已经打进了 63 球，而这些进球，大多出现在欧冠、西甲、世界杯预选赛这样的顶级赛场，含金量无可置疑。10 月过后，梅西又有 10 粒进球入账。

73 球，还剩两个月，距离传奇的年度进球纪录只剩下 12 球。

2012 年 12 月 10 日，梅西带着年度 84 球的傲人成绩走入皇家贝蒂斯的洛佩拉球场。开场仅 16 分钟，梅西就在禁区腹地灵动突破之后，一脚劲射破门，追平盖德·穆勒保持的自然年进 85 球纪录。而 9 分钟之后，梅西再下一城，超越穆勒，打破纪录。

　　2012 年 12 月 23 日，巴萨客场面对巴拉多利德，梅西再度进球，自此，将自然年总进球的纪录定格在 91 这个数字上。

　　2012 年，梅西总共出场的 69 场，47 场比赛取得进球。场均进 1.32 球，上演了 22 次"梅开二度"、6 次"帽子戏法"、2 次"大四喜"和 1 次"五子登科"。这 91 粒进球，除了 14 次点球破门之外，还有 65 次禁区内进球，12 次远射破门，7 次为直接任意球得分。

　　值得一提的是，其中有 81 粒球是梅西用左脚打进的，"金左脚"实至名归。

　　梅西再次带走了 2012 年度的金球奖，在这一年，世界上最不可思议的进球纪录独属于这个"潘帕斯精灵"。他还只有 25 岁，却早已写就旷世传奇。

　　2012 年，上帝希望足球更加精彩，于是，他派来了梅西。

　　伴随梅西将第四座金球奖收入囊中，巴萨进入命运多舛的 2012/2013 赛季下半程。

　　2012 年 12 月 19 日，巴萨主帅比拉诺瓦因腮腺癌症复发被迫手术，暂时离开帅位，助理教练约尔迪·鲁拉代行主教练一职。没有临场经验的鲁拉十分保守，只能延续比拉诺瓦的战术。在遇到强敌时，鲁拉也没有战术调整的能力，只能最大可能地派上球队的主力，然后寄希望于这些才华横溢的球员临场发挥。

逆转与无奈

  比拉诺瓦的战术面临着一个现实：以哈维为代表的多名球员的运动能力下滑。

  以技术型小个子球员为主的巴萨，必须保持超高的动作速率和强大的跑动能力，才能充分发挥地面传控的优势。但哈维的体能已经大不如前，比利亚更是在（腿骨骨折休养大半个赛季）伤愈归来后爆发力和速度都明显下滑。在这样不利的情况下，鲁拉的保守战术无疑严重透支了那些主力球员的体能。透支的后果很快显现：巴萨在欧冠赛场上输掉了与 AC 米兰的首回合比赛，落后两球的巴萨面临出线危机。

  好在，这支巴萨还有梅西。

  回到主场，马斯切拉诺和比利亚替换了普约尔和法布雷加斯出任首发，巴萨拿出了一往无前的气势。第 5 分钟巴萨球员在对手禁区前连续配合，哈维传球，梅西在 AC 米兰 5 名球员包夹中左脚打出世界波，皮球直入球门左上角，1 比 0，巴萨领先。

　　第 38 分钟，蒙托利沃长传，马斯切拉诺冒顶，AC 米兰小将姆巴耶·尼昂中路高速插上接球，一脚斜射却打在立柱上，巴萨逃过一劫。1 分钟后，AC 米兰为浪费良机付出代价，梅西禁区线上闪出空挡，左脚抽射，将球打入左下角，巴萨取得 2 比 0 领先优势。

　　梅西的连入两球，将巴萨与 AC 米兰的总比分追成 2 比 2 平。

　　第 56 分钟，哈维直传，康斯坦特铲球失误，比利亚得球后左脚弧线球射入阿比亚蒂把守的大门，3 比 0！比利亚为巴萨反超总比分！伤愈归来后状态始终起伏的比利亚终于在如此关键的时刻站了起来，他进球后的滑跪庆祝的动作成为经典的一幕。

　　梅西的表演还没有结束。补时阶段，梅西后场抢断发动快速反击，桑切斯右路低传，包抄到位的阿尔巴轻松破门，4 比 0！巴萨彻底锁定 8 强席位，AC 米兰被淘汰。

　　此役一直被奉为欧冠淘汰赛的经典逆转案例，4 粒进球中的 3 粒都与梅西相关，他先是"梅开二度"强行将两队拉到同一起跑线上，随后又在最后的决胜阶段策划进球。虽说足球是团队竞技的运动，但梅西就是有能力以一己之力改写比赛的结果。

　　过度的消耗也让梅西的身体逐渐吃不消，在对阵巴黎圣日耳曼的淘汰赛前，梅西出现了伤情的反复。两战皆平的巴萨最终也只能依靠客场进球多才勉强晋级半决赛。

　　而半决赛等候他们的，是兵强马壮的拜仁慕尼黑。

　　首回合做客安联球场，刚刚复出的梅西便被安排仓促首发出场。疲惫的巴萨众将被拜仁的虎狼之师彻底碾压。尤其是中场被彻底遏制，哈维和伊涅斯塔无论如何闪转腾挪，都无法摆脱马丁内斯和施魏因施泰格的严防死守。而完全没有达到状态的梅西也陷入了与博阿滕和丹特之间的纠缠。结果全场梅西只有一脚射门，巴萨以 0 比 4 输掉首回合。

　　次回合回到诺坎普，面对巨大的分差，巴萨几乎战略性放弃，将梅西放在替补席。士气全无的巴萨在主场再次被拜仁以 3 球血洗，总比分 0 比 7。巴萨遭遇了历史上最惨痛的欧冠失利，而更令梅西绝望的是，自己在两场关键比赛中几乎全无发挥。伤病完全限制了这位世界最佳球员的脚步。

　　相较于欧冠赛场上的彻底失利，巴萨在联赛上始终保持着高歌猛进的态势。最终以平皇马纪录的 100 分重夺西甲联赛冠军。而国王杯方面，马竞在决赛以 2 比 1 战胜皇马，宣告着西甲三强鼎立的时代就此拉开序幕。

　　2013 年 7 月 9 日，比拉诺瓦因为身体原因离任，巴萨属于比拉诺瓦的赛季正式落下帷幕。2013 年夏天，巴萨为梅西带来了一位巴西天才内马尔。内马尔的加盟象征着巴萨重回巅峰的决心，也象征着在接下来数年间仍然以梅西为核心的方针。

　　巴萨酝酿的新的进攻风暴，将在 2014/2015 赛季，再次席卷而来。

第九章
王者归来

独步天下：梅西传

重组超级锋线

Lionel Messi

2013 年欧冠半决赛，巴萨遭遇史无前例的惨败后，亟待重返巅峰。2013 年 5 月 26 日，巴萨以 5700 万欧元的巨资引入"巴西小天王"内马尔，宣布了重建复兴的决心。

内马尔加盟巴萨时才 22 岁，尚未达到个人职业的巅峰年龄，再加上他从未闯荡过欧洲足坛，其纤弱瘦小的身体还需要多多磨炼。因此在加盟巴萨的首个赛季，内马尔虽然展现出了不俗的综合技术能力以及足球智商，但也常常迷失在欧洲肌肉丛林阵中，无法稳定成功地完成有效攻击，影响了巴萨的进攻效率。

2013/2104 赛季，巴萨在后防线引援不力，过度消耗了功勋老将普约尔。

而中场方面，哈维也已经过了巅峰期，法布雷加斯由于在英超效力太久，过分增肌，身体灵活性始终达不到巴萨技战术要求，所以这赛季巴萨的战绩仍然不尽如人意。

巴萨虽然在西甲联赛的两回合"国家德比"中，双杀皇马，但迭戈·西蒙尼率领着另一支"铁血之师"马德里竞技傲然崛起，垄断了西甲和西班牙超级杯两大桂冠。

　　欲霸天下，必须升级！2014年5月20日，巴萨聘任路易斯·恩里克为主教练。

　　2014年夏天，巴萨以创队史纪录的8100万欧元天价，将利物浦王牌中锋路易斯·苏亚雷斯招至麾下，一支锋线"三巨头"领衔的新一代王朝之师隐约成型。

　　所谓锋线"三巨头"，即"MSN组合"，"M"梅西（Messi）、"S"苏亚雷斯（Suarez）、"N"内马尔（Neymar）。过去人们谈论巴萨，总是会提到哈维与伊涅斯塔的中场"双子星"，正是他们在中场的运筹帷幄，联手开创了上一个属于巴萨的全盛时代。

　　随着哈维的老去，巴萨在2014/2015赛季开始改朝换代。从过去的"双子星"时代进入了如今的"MSN"时代。梅西、内马尔和苏亚雷斯，这三名巨星都具备超凡的控球突破能力和一流的视野，同时又拥有一击必杀的技能。难能可贵的是，他们之间的互助是完全无私的。继亨利、埃托奥以及比利亚、佩德罗之后，梅西终于又等来了两位世界级锋线队友，巴萨重启无坚不摧的前场进攻群。

　　另外，在这个夏天，巴萨费了大约1.63亿欧元进行补强建设，还将杰雷米·马蒂厄、托马斯·维尔马伦、克劳迪奥·布拉沃、伊万·拉基蒂奇和新星德国门将马克-安德烈·特尔施特根纳入囊中，同时出售了始终未能达到预期的法布雷加斯，主帅也换成昔日名宿路易斯·恩里克。

　　如此强势的引援，令所有巴萨球迷都为之期待，但由于之前两年西甲和欧冠的不如意，各界对这样一支新巴萨的未来前景仍然充满了迷茫，可以说2014/2015赛季的巴萨是在充满了期待和质疑交织的氛围当中启航的。

危机与中兴

Lionel Messi

　　虽然巴萨在西甲赛场上依然具有很强的统治力，但皇马在欧冠中问鼎，让金球奖的天平开始向C罗倾斜。C罗连夺2013年、2014年两个金球奖之后，在这个至尊奖项的总数量上只落后梅西1个了，"绝代双骄"的金球之争趋于白热化。

　　2014/2015赛季，是"后瓜迪奥拉时代"巴萨的又一个巅峰，也是梅西的巅峰。

　　巴萨一波6连胜开局，且前8轮1球未失，创造西甲纪录的同时占据了联赛争冠的有利地位。不过，巴萨在首回合"国家德比"中以1比3负于皇马，之后不久，又在客场以0比1负于皇家社会。恩里克在那场比赛中将梅西放在替补席，给出的解释是，"梅西长途旅行归来，身体状态还未调整到最佳，我不让他登场，以免增加受伤的风险。"

　　那场比赛，巴萨开场仅1分钟就送给皇家社会乌龙大礼，而且因为梅西不在，球队很难制造追分的良机。这场失利给巴萨的打击很大。愤怒的球迷开始质疑管理层，并攻击主帅恩里克。最为关键的是，这场失利让巴萨的矛盾公开化。

　　梅西与恩里克的关系开始紧张，其实作为职业球员的梅西，并不会因为琐事与主帅争吵，而根本原因则是恩里克缺乏沟通而造成了将帅矛盾。比如在新闻发布会上，恩里克直言自己才是球队的领袖，这让梅西十分惊讶。而恩里克也没有提前与梅西进行沟通，造成了彼此的误解。这种误解，几乎让巴萨在赛季初期积累的优势荡然无存。而这一切得以缓和，还要归功于哈维。

　　作为更衣室的老大哥，哈维看到了恩里克与梅西的矛盾，立刻出面调停。他打电话告诉梅西，希望他暂时搁置同主帅的争议，否则巴萨整个赛季的努力都会毁于一旦。哈维的话让梅西意识到问题的严重性，而在全队放假后，梅西主动加练，向恩里克示好后，恩里克也见好就收，两人的关系开始修复，巴萨的战绩也开始一路飙升。

最强 MSN

2014/2015 赛季，巴萨取得 28 胜 1 平 2 负的傲人战绩，重夺西甲联赛冠军。此外还夺得欧冠与国王杯的冠军。三冠在手，巴萨再度成为傲视苍穹的"宇宙队"。

MSN 组合联袂为巴萨打进 122 球 (欧冠 27 球)，其中梅西进 58 球、苏亚雷斯进 25 球、内马尔进 39 球，成为欧洲五大联赛中火力最强的三叉戟。

回溯这个赛季，梅西书写了许多闪光时刻：2014 年 11 月 22 日，梅西在诺坎普球场打入自己的第 253 粒西甲联赛进球，超越特尔莫·萨拉的 251 球，成为西甲历史第一射手。对于这个里程碑时刻，梅西十分淡定："当我进球时，没想过是否破了伟大的萨拉先生保持的纪录。我之所以能取得这样的成就，是因为有许多人支持我。"

尽管不断打破纪录、创造神迹，梅西总是虚怀若谷，保持谦谦君子的风范。

2014 年 11 月 26 日，梅西在巴萨对阵希腊人竞技的欧冠比赛中，上演"帽子戏法"，成功超越劳尔（74 球），抢在 C 罗之前，率先成为欧冠历史总射手王。

面对潮水般的赞誉，梅西还是保持谦虚："我很高兴，能在欧冠进球总数上超越劳尔这样伟大的球员。不过，最重要的是，我们距离柏林（欧冠决赛场地）又近了一步。"

梅西发挥出色，C 罗同样表现突出。虽然梅西率领阿根廷队杀入世界杯的决赛，C 罗的葡萄牙队折戟小组赛，但皇马在欧冠赛场上的那个冠军，还是让 C 罗在金球奖的评选中占据优势。这就不难看出，欧冠冠军在金球奖评选时所占的分量了。

2014 年苏黎世金球奖颁奖典礼，梅西在休息室遇到了一个身份特殊的小球迷，那就是 C 罗的儿子——克里斯蒂亚诺·罗纳尔多·多斯·桑托斯。梅西笑容温煦，面对腼腆又兴奋的"迷你罗"，温柔地挥手示意，并亲切问候："你好，今晚过得怎样？"

C 罗对着梅西说："他（迷你罗）看过你的所有视频，平时他总会提到你。"

纵然父亲也是叱咤足坛的顶流球星，但"迷你罗"却将梅西视为偶像，这让 C 罗很无奈，不过通过爱子作为桥梁，他与梅西这两位赛场上"一世之敌"，在金球奖颁奖礼的休息室中却相谈甚欢，一度成为足坛的佳话。

2014/2015 赛季结束，梅西率领巴萨所向披靡，不仅收获了欧冠联赛、西甲联赛以及国王杯三大冠军，而且，他们在整个 2015 年的征途中摧枯拉朽，在各项赛事中一共将

10 支冠军球队斩于马下。

巴萨在 2014/2015 赛季的欧冠淘汰赛中，接连遭遇英超、法甲、德甲、意甲四大联赛的当季冠军，结果"红蓝军团"将对手全都斩落马下。对阵曼城，巴萨两回合以 2 比 1 和 1 比 0 的比分双杀对手；对阵巴黎圣日耳曼，巴萨以 3 比 1 和 2 比 0 再次完成双杀；对阵拜仁，巴萨首回合以 3 比 0 大胜、次回合 2 比 3 小负，以较大的优势晋级决赛。

在最终的欧冠决赛中，巴萨以 3 比 1 轻取尤文图斯，夺得欧冠冠军。

连斩四大联赛冠军而赢得欧冠，巴萨的这次欧冠冠军的含金量，堪称史上最高。

在世俱杯赛事中，巴萨又击败各大洲的冠军球队。半决赛中，巴萨以 3 比 0 轻取亚洲冠军广州恒大；决赛中，巴萨又以 3 比 0 的比分挑落南美解放者杯冠军河床。

巴萨在另外两项杯赛中，同样斩落了冠军级别的对手。在欧洲超级杯中，巴萨 5 比 4 加时险胜塞维利亚（欧联杯冠军）。在国王杯决赛中，巴萨 3 比 1 轻取毕尔巴鄂竞技（西班牙超级杯冠军）。

此外，巴萨本年度也对"马德里双雄"完成双杀。在 2014/2015 赛季的联赛中，巴萨主场 2 比 1 小胜皇马，客场 1 比 0 小胜马竞提前夺冠。在 2015/2016 赛季上半程，巴萨客场 2 比 1 逆转马竞，又在"国家德比"中打入 4 球攻克伯纳乌。

2015 年上半年，梅西在联赛中打进 43 球帮助巴萨夺得西甲冠军；在欧冠赛场，他打进 10 球，助攻 6 次，帮助球队将欧冠奖杯带回了诺坎普；在国王杯赛场，梅西在对阵毕尔巴鄂竞技的比赛中，从右路一路突破进入禁区，将球送进球门的经典进球，也将冠军奖杯收入囊中；在国家队，梅西贡献 3 次助攻，将阿根廷队带进美洲杯决赛。

下半年，梅西虽然一度受到伤病困扰，但依然交出 21 场进 18 球的出色数据。

梅西力压 C 罗，夺得 2015 年金球奖，也阻止了 C 罗的金球三连庄。

在颁奖礼上，梅西坦言："此前目睹 C 罗连续拿到金球奖，我再次拿到此奖感到非常特别，因为这是不可思议的第五座，这比我孩提时代的梦想要奢华太多。感谢足球带给我的一切，不管是好是坏，都让我不断成长。"

这座金球奖对于阿根廷足球同样意义重大。从国家队层面来看，梅西用一己之力在金球奖这个舞台上，对抗着死敌巴西。罗纳尔多、罗纳尔迪尼奥、罗马里奥都夺得过金球奖，而阿根廷在这个奖项上一直落后，这种局面被梅西一人扭转了。

2009 年，22 岁的梅西第 1 次获得金球奖，2010 年金球奖和 FIFA 世界足球先生合并，梅西包揽 2010 年、2011 年和 2012 年的金球奖荣誉；2015 年，梅西率领巴萨夺得欧冠、国王杯、西甲、欧洲超级杯、世俱杯 5 项冠军后，再度将金球奖收入囊中。

2015 年，28 岁的梅西在 9 年间第 5 次夺取金球奖，创下前无古人的辉煌。

进入 2016 年后，巴萨忙于三线作战，有些疲于奔命，不过依然傲视群雄。他们在国王杯半决赛以 7 比 0 横扫瓦伦西亚，堪称气势如虹。

2016 年 3 月 24 日，巴萨"教父"克鲁伊夫去世，享年 68 岁。噩耗传来，巴萨一度陷入低迷，在欧冠 1/4 决赛被马竞淘汰出局，无缘冠军。好在巴萨于西甲联赛的最后五轮中猛然发力，疯狂打进 24 球，未失一球，以 1 分微弱优势保住西甲联赛冠军。

苏亚雷斯在最后阶段 5 场比赛里打进 14 球，包括 2 次"大四喜"和 1 次"帽子戏法"。成为西甲史上第三位单赛季打入至少 40 球的球员，前两位是梅西和 C 罗。

诺坎普奇迹

2016/2017赛季，西甲首轮，梅西完成"梅开二度"并送出助攻，带领巴萨以6比2狂胜皇家贝蒂斯。2016年9月14日，欧冠首轮，梅西上演"帽子戏法"，率领巴萨以7比0狂屠凯尔特人，而梅西更凭借此战成为欧冠赛场完成"帽子戏法"次数最多（7次）的球员。那时候，人们开始期待，梅西将带领巴萨完成又一次"六冠王"的神迹。

很遗憾，巴萨的复兴之旅并非坦途。他们在西甲联赛进入卫冕瓶颈，又在欧冠赛场上遭遇到顽强阻击。2017年2月15日，巴萨在客场以0比4被巴黎圣日耳曼碾压。

当时，也许最坚定的巴萨球迷都不会想到"红蓝军团"能够翻盘成功。

2017年3月9日，巴萨与巴黎圣日耳曼的次回合对决在诺坎普球场上演。那场比赛，梅西被主帅恩里克放在前腰位置，利用无球牵扯和高速转移为内马尔和苏亚雷斯制造空间，同时在反击战中担任指挥塔，承担反击战中推进和分球的职责。

随着伊涅斯塔不断老去，巴萨在中场的掌控力日益下降，首回合惨败便是由于中场失势。因此，恩里克在此战将梅西放于前腰位置，这个变阵堪称"神来之笔"。

梅西位置后撤，虽然失去直接威胁球门的机会，但他的拿球推进和分球转移直接让巴萨找回中场的掌控力。

比赛开场仅150秒，苏亚雷斯就在小禁区中路头球破门，1比0，巴萨取得"闪电"进球！

比赛第40分钟，苏亚雷斯挑传，伊涅斯塔球门左侧机敏地脚跟横传门前，库尔扎瓦混乱中解围却自摆乌龙。2比0，巴萨再追一球！

下半场第48分钟，内马

尔突入禁区左侧时被穆尼耶绊倒，博得点球。梅西主罚，左脚大力推射得手。3比0，巴萨将总比分追为3比4，看到一线生机！

第62分钟，埋伏在中路的卡瓦尼用一脚大力弹射破门，为"大巴黎"取得一粒宝贵的客场进球，这一球将巴萨逼到悬崖之上，想要逆转，巴萨还需要再进3球。

第88分钟，内马尔在左侧禁区前被迪马利亚绊倒后主罚任意球，踢出一记"弯月斩"，皮球直挂球门左上死角。4比1，"MSN"联袂破门，巴萨将总比分追为4比5！

第89分钟，梅西用一记美妙的长传球穿透对手防线，心领神会的苏亚雷斯突破接应时被马尔基尼奥撞到，成功制造点球，内马尔一蹴而就，5比1。

虽然巴萨将总比分追为5比5平，但此时的巴黎圣日耳曼仍然凭借1粒客场进球的优势，占据着出线权。巴萨在最后时刻全民皆兵，连同门将一起全部压上。

梅西在中场连续过人，策动最后进攻潮，比赛第95分钟，也是伤停补时的最后1分钟，内马尔中路挑传，插到小禁区中路的塞尔吉·罗贝托反越位成功，铲射破门。

罗贝托在最后时刻打入绝杀球，巴萨第二回合在诺坎普球场以6比1击败巴黎圣日耳曼，两回合以6比5的总比分淘汰对手，成功晋级欧冠8强！

在此之前，欧冠历史上还没有一支首回合以4球落后又成功翻盘的球队，巴萨完成

了一场史无前例的大逆转，缔造了永载史册的"诺坎普奇迹"！

虽然内马尔在"奇迹之夜"大放异彩，虽然罗贝托打进了最后的绝杀球，但巴萨的球迷都明白，正是梅西的努力和牺牲，才创造了这场奇迹。

奇迹之夜的喜悦还未褪去，梅西再次遇到了麻烦。2017 年 3 月 28 日，国际足联因为梅西在之前阿根廷与智利世预赛的比赛中言语冲撞裁判一事作出判决，被禁赛 4 场。阿根廷队因此在世预赛的征程出现阴影。随后，在欧冠 1/4 决赛首回合中，巴萨在尤文图斯的主场再次遭遇一场 0 比 3 的完败。奇迹没有第二次在巴萨身上出现，他们在次回合与尤文图斯 0 比 0 战平，被"黑白军团"淘汰出局。

2017 年 4 月 24 日，西甲联赛第 33 轮，2016/2017 赛季第二回合的"国家德比"在伯纳乌球场上演，巴萨最终以 3 比 2 客场险胜，梅西在最后时刻绝杀皇马。

这是一场势均力敌的巅峰对决，梅西与 C 罗分别率领着两大星团直面对战。

第28分钟，皇马角球，拉莫斯抽射打中立柱，门前跟进的卡塞米罗补射将球打进，1比0，皇马率先打破场上僵局。第32分钟，梅西在中路如蝴蝶穿花连续过人，与拉基蒂奇配合后，梅西再次得球，用一记巧射打破纳瓦斯的十指关，1比1，巴萨将比分扳平。

此后，拉基蒂奇轰出一脚"世界波"，为巴萨再添1分，而J罗回敬一记凌空垫射破门，为皇马扳平比分。

两队90分钟战罢，2比2打成平局。

比赛进入伤停补时，第92分钟，伊涅斯塔得球后倒三角回传，梅西跟上，左脚推射破门。3比2！巴萨再次将比分反超。凭借这粒"读秒绝杀"的进球，梅西梅开二度，率领巴萨力克"死敌"皇马，也让球队保留了联赛争冠的希望。

打进绝杀球的梅西豪气干云，在伯纳乌球场向十万皇马球迷做出"晒球衣"的庆祝动作，似乎昭示天下，谁才是"国家德比"真正的王者。

巴萨虽然赢得"国家德比"，但最终还是齐达内的皇马笑到最后，在西甲联赛登顶。梅西与巴萨的"西甲三连冠"梦想随之破碎。

2016/2017赛季结束后，巴萨在西甲、欧冠两大赛场均无斩获，恩里克辞去主教练一职，巴萨又将开启一段新的航程。而对于梅西来说，除了要继续带领巴萨攀登巅峰外，当务之急还要将阿根廷队带进俄罗斯世界杯。

第十章
球王的羁绊

独步天下：梅西传

两代球王

Lionel Messi

相较于梅西率领巴萨君临天下，梅西率领阿根廷队的征程总是充满艰辛。

2008 年北京奥运会，梅西率领阿根廷国奥队拿下奥运冠军之后，他的下一个目标自然是率领阿根廷国家队捧起大力神杯。

2007 年阿根廷在美洲杯决赛的失利，让主帅阿尔菲奥·巴西莱冒险激进的攻势足球备受质疑，最终巴西莱辞去帅位，阿根廷足协决定——让马拉多纳继任。

彼时的马拉多纳从病危中恢复仅 1 年，且执教经历无比惨淡，依然被阿根廷足协任命为国家队的主教练，原因只有一个：因为他是马拉多纳！

阿根廷人对马拉多纳的崇拜几乎上升到图腾的高度，他们坚信马拉多纳与梅西这两代球王联手出击，一定会率领阿根廷国家队复制 1986 年世界杯的夺冠壮举。

马拉多纳执教的第一场世界杯预选赛，阿根廷队就以 4 比 0 战胜委内瑞拉队，这是一个令人鼓舞的开始。但是，阿根廷队在下一场高原客场的比赛，以 1 比 6 的大比分输给了玻利维亚队，给马拉多纳送上了一记小小的惩戒。

天才都是偏执狂，马拉多纳暴露出执教上的短板，他一共征召了多达 70 名球员，阵容不断变化的阿根廷队勉强拿到南非世界杯的入场券。此时的梅西，在不断变化的队友中，无法找到与自己合拍的人，只能在前场做一个孤零零的游弋者。

马拉多纳在世界杯前终于确立战术：梅西作为球队的组织者去串联进攻。小组赛阶段，梅西没有进球，但是他的作用无比明显。

2010 年世界杯小组赛首轮，阿根廷队以 1 比 0 战胜尼日利亚队。上半场比赛第 5 分钟，梅西前场突破后射门制造角球，海因策借此角球头球破门；小组赛次轮，阿根廷队以 4 比 1 大胜韩国队，梅西利用任意球制造对手乌龙，然后又策划了伊瓜

因的"帽子戏法";小组赛末轮，阿根廷队以 2 比 0 取胜希腊队，梅西先是用定位球帮助球队得分，又在第 88 分钟利用射门造成对手门将脱手，帕勒莫门前补射得分。

梅西在 3 场小组赛没有取得进球，但策动了全部的 7 个进球。在 16 强对阵墨西哥队的比赛中，阿根廷队以 3 比 1 战胜对手，依然是梅西助攻特维斯首开纪录。

对于前 4 场比赛，时任曼联主帅弗格森爵士一针见血地指出："这支阿根廷队的中场孱弱，盲目进攻，但他们有全世界最好的球员——梅西。马拉多纳把所有球员往场上一扔，然后依靠梅西来解决问题。但这样也许会因为梅西状态不佳或是因为某人的错误而失去夺冠的良机，这就是生活。"

弗爵爷一语成谶，阿根廷队虽然晋级 8 强，但马拉多纳的战术依然不成熟，球员拿球后的第一选择就是交给梅西，然后让他去冲击肌肉丛林。这位最具威胁的射手远离对手的球门，只能通过冲击防线或者远射来释放火力。2010 年 7 月 3 日，世界杯 1/4 决赛，阿根廷队对阵德国队，"潘帕斯雄鹰"遭遇"钢铁战车"的碾压，这就像一场（各自为战的）古代游侠与现代化集团军的悬殊交锋，阿根廷队遭遇了 0 比 4 的惨败。

阿根廷被德国淘汰出局，梅西呆立在赛场，久久不愿离去。不可否认，阿根廷队的兵败与防线的孱弱及马拉多纳的战术失当有极大关系。而梅西没有拿出作为球队核心的表现，也让他遭遇了舆论的苛责。

很多人都认为，虽然梅西已经拥有足够多的荣耀，但在南非不该收获这样的结局，因为人们无法想象他为世界杯付出了多少，他那失望的眼神中充满了不甘与落寞。

四大金刚

Lionel Messi

阿根廷在南非世界杯折戟沉沙，马拉多纳告别帅位，走下神坛。

2014 年，梅西率领阿根廷队一扫 2010 年的阴霾，以南美区第一的身份，昂首挺进了 2014 年世界杯决赛圈。梅西也以 10 粒进球，成为南美区预选赛的银靴。"我不在乎金球奖，我想要世界杯。"梅西毫不掩饰对于夺取大力神杯的渴望。在拿遍个人与俱乐部的荣誉之后，梅西的荣誉室里只差一座大力神杯。

2014 年开年，梅西的处境比较复杂，巴萨早已不再是"梦三时代"的足坛霸主，而阿根廷队却走入正轨，而在这世界杯年最重要的事情，当然是夺得大力神杯。梅西需要维持自身状态，平衡各方利益，最终完成球王登基的加冕礼。

然而，距离世界杯仅有两个多月的时候，肩负着伟大使命的梅西，却频频出现呕吐，让无数人为之悬心。在身体状况堪忧的这段时间内，梅西在巴萨的跑动积极性也出现问题。巴萨无缘欧冠半决赛，丢掉了西甲冠军，整个赛季四大皆空，梅西也成了众人口诛笔伐的对象。部分极端球迷更是认为梅西在俱乐部出工不出力，一心只为了世界杯。世界杯对于梅西来说就是珠穆朗玛峰，一旦登顶，睥睨天下。

2014 年的春夏之交，梅西背负着身体和心灵的双重负担，开始第三次世界杯的备战，2006 年，当 19 岁的梅西出现在世界杯赛场上时，人们还只是对他的未来抱以期待。

2010 年世界杯，23 岁的梅西正值巅峰，但在马拉多纳的率领下，遭遇滑铁卢。5 场比赛没有进球，被打上"国家队无作为"的标签，对于梅西来说无法接受，自己失去的东西，必须亲手拿回来，而 2014 年世界杯，可能是他最好的机会。

相比于 2006 年的佩克尔曼和 2010 年的马拉多纳，此时阿根廷队的主帅萨韦利亚相对来说是一个踢法更加务实、更加保守的主帅。

此时球队的前场配置非常豪华，梅西、伊瓜因、阿奎罗和拉维奇组成的前场"四大金刚"，无一不是插向敌人心脏的利刃。考虑到伊瓜因、阿奎罗的存在，梅西后撤位置，以此来完成前场组织串联的工作，自己也可以在不间断的小配合之后寻找杀机。

此时阿根廷队的中场由于没有了里克尔梅这样的组织型天才，创造力相比过去大幅度削弱。但好在坐镇后场的马斯切拉诺尚在巅峰，在皇马改打左中场的迪马利亚发挥惊艳，大大增强了阿根廷队中后场跑动接应和协防逼抢的能力。

　　考虑到萨韦利亚教练主打防守反击战术，在面对强敌时，球队更加需要天才球员的创造力。总的来说，这支阿根廷队阵容星光熠熠。

　　门将罗梅罗，是个大场面型的球员，遇到强敌时往往能迸发出惊人的能力。

　　左后卫是"90后"的马科斯·罗霍，技术细腻、速度很快，善于助攻前插。

　　中卫是费尔南德斯和加拉伊。马斯切拉诺坐镇中军，衔接调度和协防保护，比格利亚和佩雷斯作为双中场辅佐马斯切拉诺保护中后场。

　　锋线则是梅西、拉维奇作为两翼影子前锋，伊瓜因作为突前中锋。虽然表面上略显头重脚轻，但是在萨韦利亚直辖的"潘帕斯雄鹰"还是一支实力不俗的劲旅。

　　作为这支阿根廷的队长，梅西肩负着潘帕斯足球复兴的希望，他迫切希望率领球队在2014年的巴西世界杯上夺得冠军，成为问鼎天下的球王。

 披荆斩棘

Lionel Messi

2014 年 6 月 12 日，巴西世界杯小组赛全面打响。前 3 场阿根廷队虽然表现平平，但是梅西的状态令人欣喜不已。阿根廷队小组赛首战，对阵塞黑队，梅西与伊瓜因打出精妙的二过一配合，斜向切入，以一脚漂亮的弧线球破门，为球队锁定胜局。

梅西又在第 2 场面对伊朗队时，在伤停补时阶段，一拨一射刺穿对手的铁桶阵，帮助久攻不下的"潘帕斯雄鹰"惊险取得胜利，而那记宛如彩虹的"世界波"也入选了巴西世界杯的十佳进球。

在第 3 场与尼日利亚队争夺小组头名的比赛中，梅西更是"梅开二度"，无论是开场的补射建功，还是后来绝妙的任意球直接破门，都展现出了他良好的竞技状态。

3 场小组赛 4 粒进球，"梅球王"帮助球队在整体进攻效率一般的情况下豪取三连胜昂首出线。梅西自己不仅一扫上届世界杯的颓势，打出了自己参加世界杯以来的最佳

表现，也让阿根廷队瞬间成为夺冠热门。

萨韦利亚教练完全打造出了以梅西为核心的进攻体系，球队在局部配合不顺畅时，梅西可以回撤拿球，然后通过个人能力带球突进，或传或射，皆可制造杀机。

然而，梅西的伟大不能掩盖阿根廷队人才凋敝的现实。中场创造力匮乏，缺少运筹帷幄和制胜一击的组织大师，串联组织和爆破得分的重任，完全落到梅西一人的头上。

另外一个问题就是锋线的效率不高，伊瓜因和阿奎罗等人数次在禁区内浪费绝佳的射门机会，最后还是要靠梅西终结比赛。

这支阿根廷队的"梅西依赖症"越来越严重，但倔强的阿根廷人普遍认为：当年马拉多纳凭借一己之力，率领阿根廷队连续两次闯进世界杯决赛，并在1986年捧起大力神杯，如今的梅西一样可以。他们忽略了，如今的足球早就不是一个人的游戏。

2014年巴西世界杯1/8决赛，阿根廷队对阵欧洲劲旅瑞士队。

赛前瑞士老帅奥特马尔·希斯菲尔德表示会为梅西一人打造一个"铁桶阵"，显然不是开玩笑。比赛一开始，梅西每次拿球时，周围就会立刻出现3到4名防守球员。

整场比赛，梅西都在重兵围困下，很难从容地获得空间，瑞士人的防线密不透风，纵然阿根廷的球员百般努力，比赛还是被拖入了加时。

巨星的作用就在于只要有一丝机会，就会灵光乍现，送出致命一击。

加时赛的117分钟，原本三线紧凑的瑞士队出现缝隙，帕拉西奥中场断球，顺势将球传给中路的梅西。此时瑞士队的防线有些脱节，居然没有人正面拦堵这个星球上最犀利的球员，于是梅西从容持球，流星疾驰，将球分给右路无人看管的迪马利亚，后者一击破门，阿根廷队在加时赛的最后3分钟奠定了胜局。

世界杯8强淘汰战，巴西利亚加林查国家体育场，阿根廷队迎来了"欧洲红魔"比利时队的挑战。曾经沧海，28年前，马拉多纳曾率领阿根廷队击败比利时队君临天下。而28年后，新球王出世，新"红魔"诞生，两者再次狭路相逢。

此时的比利时队，由"蓝军天王"阿扎尔领衔，中场由组织型后腰维特塞尔和防守型后腰费莱尼组成，中场核心是日后扬名天下的德布劳内，实力不容小觑，"潘帕斯雄鹰"迎来开赛以来的最强对手。

梅西作为中前场自由人，尽管时常面对多人压迫，但凭借极快的步频和良好的球感，总能快人一步，闪转腾挪，将球送到更有威胁的区域。

开场不到 10 分钟，梅西闪开空当之后将球分给迪马利亚，"天使"被干扰，伊瓜因拍马赶到，顺势抽射，皮球直奔下角，阿根廷队以 1 比 0 领先。

萨韦利亚的球队取得领先后，回收防守就显得游刃有余，因为对手都很忌惮他们的攻击线，在压上进攻的时候往往有所顾虑。阿根廷人抵挡住了"红魔"的反攻，最终摘得 1 比 0 的胜果。时隔 24 年之后，阿根廷队重回世界杯四强的怀抱。

阿根廷队还未回味重回四强的喜悦，噩耗随即传来——迪马利亚在比赛中右腿肌肉撕裂提前告别世界杯。"天使"的离开对阿根廷队的影响巨大，他拥有极强的冲击力，是球队承上启下的核心人物之一。

迪马利亚的缺阵，让体能已接近极限的梅西，被迫挑起进攻的全部重任。

世界杯半决赛，阿根廷队直面荷兰队。同梅西一样，罗本也在此前的比赛中发挥出色，几乎凭借一己之力将荷兰队带进 4 强，因此这也是两位天王之间的对决。阿根廷队 28 年未能染指大力神杯，而荷兰作为上届世界杯亚军则希望 4 年后完成未竟的事业。

"潘帕斯雄鹰"展翅翱翔，"橙色郁金香"竞相怒放，两支风格华丽的人气劲旅在世界杯的巅峰舞台上再次狭路相逢……

咫尺天涯

Lionel Messi

阿根廷队对阵荷兰队的半决赛，成为 2014 年世界杯最无聊却最凶险的一场比赛。

这是一场针尖对麦芒的肉搏防守战，双方的整体防守都堪称铜墙铁壁，都拼掉了最后一颗子弹，最终进入了点球大战。

梅西目光坚毅，第一个主罚命中。而之后不久，阿根廷队"门神"罗梅罗接连扑出弗拉尔和斯内德的点球，最终，罗德里格斯一锤定音，帮助阿根廷队拿到决赛的入场券。彼时，梅西随着一群蓝白色的身影纵情狂奔，他们距离大力神杯，仅有咫尺之遥！

2014 年 7 月 14 日，世界杯决赛在里约热内卢马拉卡纳球场正式上演。

新一代的球王渴望在此加冕，但他面前的"日耳曼战车"铿锵轰鸣，兵锋正盛。

德国队刚刚在半决赛以 7 比 1 狂胜东道主巴西，向世界展示了立体而又迅猛的恐怖进攻火力，而阿根廷队早在 4 年前的世界杯就曾领教过"德国战车"的威力。

终极决战终于打响，两队攻守有度，均无击溃对手的机会。随着伊瓜因错失良机，梅西差之毫厘，阿根廷队的幸运女神似乎悄然远去。德国队果断变阵，派上小将格策，代替世界杯射手王克洛泽，这一大胆的决定为胜利埋下伏笔。

比赛进入加时，阿根廷队几乎坚持到最后，但青春无敌"日耳曼战车"还是冲开了他们的防线。第 113 分钟，德国队边锋许尔勒左路强突后送出妙传，格策在门前用胸部卸球后顺势扫射，皮球越过罗梅罗后钻入球门。这是一记"杀人诛心"的绝杀球，筋疲力尽的阿根廷队无力反攻，德国队以 1 比 0 击败对手，捧起大力神杯。

在那一刻，梅西低下了头。他错过了一战封王、登顶天下的绝佳机会，伴随着那一脚射向天空的任意球，还有那一抹苦笑。梅西与大力神杯，曾近在咫尺，却远在天涯。

平心而论，梅西率领阿根廷队踢出水平很高的一届世界杯比赛，他在场上每一分钟都拼尽全力，战斗到了最后的时刻。然而这就是命运，大力神杯还是不属于梅西。

阿根廷10号一直默默伫立在球场的角落，近距离凝望着大力神杯。那极度渴望的眼神，让人心寒又心疼。

阿根廷队又一次倒在了决赛赛场，27岁的梅西未能追随马拉多纳的冠军脚步。整个世界杯，阿根廷队的比赛进程就像梅西称王的微缩版一样，但在现实世界里，他却在距冠军一步之遥的位置倒下了。

梅西的表现已经相当出色，他在7场比赛中贡献4粒进球和1次助攻，几乎是靠着一己之力将"潘帕斯雄鹰"带进决赛。在无缘大力神杯之后，梅西也获得了国际足联颁发的金球奖，继2006年齐达内和2010年迭戈·弗兰之后，梅西也成功夺得这一个奖项。

在这届世界杯上，梅西已做得足够好。他荣获了本届世界杯的金球奖，成为本届世界杯的官方最佳球员。然而，世界杯金球奖，终究没有世界杯冠军奖杯的含金量高。

世界杯决赛的一个镜头引人瞩目：阿根廷队凑成一堆，聆听主帅萨韦利亚的讲话，而身为队长的梅西默默走到了一边，仿佛只是个局外人。《每日邮报》抓拍到的这张图，更鲜明地显现出梅西在此刻的"过度低调"。而此届世界杯，梅西的进球只停留在小组赛，在淘汰赛无进球，这也成为被诟病的理由。

对于这些无稽之谈，自有有识之士站出来反击。

　　即便是"梅黑"穆里尼奥，也开始支持梅西，"梅西不该为决赛的失利负责，他早已成为这项运动中最伟大的球员之一，即使没有世界杯冠军奖杯。当萨韦利亚用阿奎罗换下拉维奇之后，阿根廷队的阵形从'442'换成'433'，球队失去了整体的平衡性，梅西被迫做出了很多无用的跑动。"

　　梅西的第三次世界杯之旅结束了，从第一次的初出茅庐望眼欲穿，到第二次的踌躇满志大败而归，再到这一次，却最是让他痛彻心扉。世界杯结束时，他 27 岁，还有时间从头再来，但是他身边的战友呢，4 年后也许巅峰不再。

　　在那之后，梅西也许会一直回想 2014 年的那个夏天。如果可以重来，他是否愿意用毕生之气运去换取捧起大力神杯的至尊一刻？

　　世界足坛，风云变幻，江山代有才人出，各领风骚三五年。

　　2014 年夏天，这位阿根廷球王与大力神杯擦肩而过。

　　对于 27 岁的梅西而言，还有相逢的时间……

美洲无杯

Lionel Messi

　　2011 年阿根廷美洲杯，已有两个金球奖在手的梅西在此届大赛中表现平平，仅贡献 3 次助攻，没有进球。作为"东道主"，阿根廷队止步于首轮淘汰赛，在"点球大战"中被乌拉圭人踢出局，这样的战果无疑令阿根廷球迷感到失望。

　　2014 年巴西世界杯，阿根廷队虽然痛失冠军，但阿根廷球迷看到了复兴的希望。

　　2015 年智利美洲杯，新帅马蒂诺治下的阿根廷队阵容空前强大，不仅拥有梅西，还有特维斯、阿奎罗、迪马利亚、伊瓜因等名将。

　　小组赛首战，阿根廷队迎战巴拉圭队。阿奎罗在上半场率先攻入一球，梅西在此后又罚入点球，2 比 0 的领先让胜利近在咫尺。然而，巴拉圭队在此后连进两球。2 比 2 的平局让梅西感到无比失望，因为他志在本届美洲杯夺冠，并为此倾注了全部。好在之后两战均以 1 比 0 小胜对手，阿根廷队仍然以小组第一身份出线。

　　小组赛出线之后，阿根廷队迎来哥伦比亚队。120 分钟鏖战过后，阿根廷队点球大战淘汰对手，第 7 轮特维斯命中致胜点球，完成救赎（特维斯是上届美洲杯赛的点球大战罪人）。胜利后，梅西与特维斯紧紧拥抱的画面，成为经典的瞬间。

　　美洲杯半决赛，阿根廷队以 6 比 1 的悬殊比分击溃"小组赛的老对手"巴拉圭队，梅西送出 3 次精彩的助攻，率队挺进决赛。

　　2015 年 7 月 5 日，美洲杯决赛，在圣地亚哥国家体育场举行，阿根廷队迎战"东道主"智利队，阿根廷队希望此战打破（自 1993 年以来就美洲杯无冠）魔咒。

　　梅西在对手的疯狂围抢下，没有发挥最佳水准，伤停补时，伊瓜因错失门前抢点破门的绝佳机会。两队鏖战 120 分钟，均无建树，最终来到点球大战。梅西率先主罚点球并命中，然而第二罚的伊瓜因却一脚踢飞，随后巴内加也罚失点球，阿根廷队以 1 比 4 不敌智利队，眼睁睁看着对手夺冠。

　　2016 年，恰逢美洲杯创立百年之际，如果在这届美洲杯夺冠，可谓意义非凡。

　　美洲杯赛前，梅西在对阵洪都拉斯队的热身赛中遭遇伤病，使他缺席小组赛首战迎战上届冠军智利队的比赛。最终，阿根廷队凭借着迪马利亚与巴内加的进球，以 2 比 1 击败智利队，完成了复仇。

　　阿根廷队在 8 强战对阵委内瑞拉队，梅西伤愈归来，表现优异。他不仅在第 60 分钟攻入一球，还送上两次妙传，分别助攻伊瓜因、拉梅拉破门。

　　在本届美洲杯中，阿根廷队踢出极具整体感的足球。对此，梅西解释道："我们总能流畅运转，长时间不丢球，传控足球来调动对手防线，寻找破绽来致命一击。"

　　阿根廷队跨过美国队之后，决赛中再度迎来智利队。这场仇人相见的比赛，在上半场就展现出了火星撞地球般的态势，虽然梅西接连传出威胁球，但阿根廷队依然"锋无力"。120 分钟战罢，双方再度来到点球大战。

　　新泽西大都会球场人声鼎沸，阿根廷点球方率先出场的梅西似乎不堪重负，一脚将点球踢飞。最终，阿根廷队以 2 比 4 不敌智利队，又一次在点球大战中败北。

　　阿根廷队连续两年在美洲杯决赛中折戟，连续三年在世界大赛中决赛失利，这支战术成形且梅西处于巅峰的劲旅，在运气与心魔的绞杀下，迎来巨大的失落。

　　梅西在 2016 年美洲杯再与冠军失之交臂后，做出了退出国家队的决定，"我已经做出一个决定，退出阿根廷国家队。第 4 次决赛失利，我非常想为阿根廷队赢得冠军，但不幸的是我没能做到。我努力想要成为冠军，但是就是做不到。"

　　阿根廷队在 2014 年世界杯决赛被德国队在加时赛中绝杀，接下来连续两年在美洲杯决赛败给同一个对手（智利队），并且以同一种方式（点球大战），这种（连续三年

决赛折戟的）挫败感，对于任何人来说都是毁灭性的打击。

然而，梅西退出国家队，并不是一种逃避，而是主动揽责。作为 21 世纪阿根廷足坛最具天赋与统治力的球星，梅西承担了整个国家的期望，而连续三次折戟世界大赛决赛，让梅西迎来了太多太多的质疑与批评。

三年，三届洲际大赛，三个亚军。梅西已经拼尽全力，但双拳难敌四手，他需要得力的辅助，可惜阿根廷队的队友们没有给予他有力的支持。

梅西告别国家队，阿根廷随即掀起全民挽留的巨浪，甚至连阿根廷总统都出面了。马拉多纳说："梅西必须留下，他要带领阿根廷队去俄罗斯成为世界冠军。"

C 罗也表示支持："看见梅西流泪我很难受，我希望他能回归阿根廷队。"

2018 世界杯预选赛，阿根廷队遭遇出线危机。心系祖国的梅西重返国家队，并起到立竿见影的作用。数据显示：在梅西出场的 6 场世预赛中，阿根廷队 5 胜 1 负，胜率高达 83.3%，而在他缺席的 8 场，阿根廷 1 胜 4 平 3 负，胜率仅为惨淡的 12.5%。

2017 年 10 月 11 日，世界杯预选赛南美区最后一轮，阿根廷队命悬一线，唯有击败厄瓜多尔队，才能直接晋级俄罗斯世界杯，悬崖边上阿根廷队需要梅西来拯救。

开场不到 1 分钟，厄瓜多尔队就闪电破门，阿根廷队几乎坠入深渊。第 10 分钟，迪马利亚横传门前，梅西推射扳平比分。第 20 分钟，梅西在禁区前沿抽射破门，阿根廷队反超比分。第 62 分钟，梅西在三人包夹中上演远距离吊射破门，完成"帽子戏法"，几乎以一己之力扛着阿根廷队闯进了世界杯。

赛后，阿根廷主教练豪尔赫·桑保利语重心长地说："我告诉球员，梅西不欠任何人一座世界杯，而是足球欠了梅西一个世界杯，如果最好的球员（梅西）不能参加世界杯，那么就是不合乎逻辑的。"

"如果阿根廷队无缘世界杯，我会疯掉。"这是梅西在率队客胜厄瓜多尔队杀入世界杯后接受采访的话语，他对于胜利的渴望与荣誉的追求无以复加。

俄罗斯之殇

Lionel Messi

2018 年俄罗斯世界杯小组赛首轮，阿根廷队对阵冰岛队，占据优势却无法取胜，被对手以 1 比 1 逼平。梅西罚丢点球，赛后遭到阿根廷媒体的无情抨击。

2018 年 6 月 20 日，小组赛第 2 轮，阿根廷队对阵克罗地亚队。第 52 分钟，阿根廷门将卡巴列罗手抛球失误，被雷比奇抢断后在禁区处凌空抽射破门。

阿根廷队以 0 比 1 落后，场上均势被打破，梅西遇到针对性的防守。此后莫德里奇外围远射得手，拉基蒂奇也打进一球，阿根廷队以 0 比 3 惨败给克罗地亚队。

此役过后，阿根廷队两战仅积 1 分，出线仅存一线生机（出线条件：阿根廷队必须赢下尼日利亚队并且冰岛队不胜克罗地亚队），作为上届亚军，"潘帕斯雄鹰"处境有些尴尬。前两场有些沉寂的梅西成为阿根廷媒体口诛笔伐的对象，他们似乎完全忘记了是谁以一己之力扛着阿根廷队闯进世界杯。面对漫天的质疑，梅西决定用行动证明自己。

2018 年 6 月 26 日，D 组展开最后一轮，阿根廷队对阵尼日利亚队。

开场仅仅 14 分钟，梅西宛如天神下凡，接巴内加的长传直捣黄龙，一停一蹚一射，每一个步骤都像机器计算过一般精准，丝毫不拖泥带水，皮球直挂近角入网。停球和射

门如行云流水，完美体现出梅西的绝世技艺，阿根廷队以 1 比 0 领先。

随后，尼日利亚队前锋维克托·摩西主罚点球命中，场上比分变成 1 比 1。

第 75 分钟，罗霍在尼日利亚门前一脚怒射破门，帮助阿根廷队以 2 比 1 击败尼日利亚队，挺进 16 强。他们接下来的对手是猛将云集、才俊辈出的法国队。

1/8 决赛，"潘帕斯雄鹰"与"高卢雄鸡"联手上演了一场精彩绝伦的进球大战。

比赛第 13 分钟，罗霍在禁区内放倒姆巴佩，裁判判罚点球。格里茨曼主罚命中，法国以 1 比 0 领先。第 41 分钟，"天使"降临！迪马利亚在禁区外突施冷箭，皮球直挂死角！1 比 1，阿根廷扳平比分。

比赛第 48 分钟，梅西在法国队禁区内闪出角度，拔脚抽射，皮球打到队友梅尔卡多腿上变线入网，2 比 1，阿根廷反超比分。

虽然梅西的射门一度帮助阿根廷队反超比分，但阿根廷人老迈的防线还是阻挡不住法国队的如潮攻势，尤其对风驰电掣的姆巴佩束手无策。

比赛第 57 分钟，帕瓦尔用一记"天外飞仙"般的凌空抽射，远程破门，2 比 2，法国队扳平比分。第 64 分钟，姆巴佩在阿根廷队禁区内得球，顺势一蹚，晃过防守，面对门将低射破门，法国以 3 比 2 反超。第 68 分钟，法国打出经典反击，吉鲁直传，姆巴佩长驱直入，突至禁区低射破门。这位 19 岁的天才少年梅开二度，法国队以 4 比 2 领先。

"高卢雄鸡"11 分钟连入三球，"潘帕斯雄鹰"回天乏术，纵然阿圭罗在补时第 2 分钟头球破门，帮助球队追回一分，但阿根廷队还是以一球之差败北。

"阿法大战"最终比分为 3 比 4，"潘帕斯雄鹰"再度在世界杯的征途折翼。

梅西，纵然无数次拯救阿根廷队于水火之中，但他终究不是万能的神。

2018 年俄罗斯世界杯上的梅西，被定义为一个孤独者。作为球队战术核心，他得不到队友的有效支援，只能在中场持球一次又一次地冲击对手的防线，在包夹中寻求分球与突破，这在很大程度上扼杀了梅西的天赋。

赛后，梅西在球场上伫立许久不愿离去，眼神中充满着无限的眷恋与忧伤。

冥冥之中似有天意，在阿根廷队被淘汰仅仅几个小时后，葡萄牙队以 1 比 2 不敌乌拉圭队，C 罗也离开了世界杯赛场。纵然 C 罗在此届杯赛曾上演"帽子戏法"，却依然改变不了葡萄牙队被淘汰的结局，"绝代双骄"在同一天归于凡人。

"梅罗"携手告别世界杯，似乎昭示着属于他们的时代就此远去。

第十一章
顺流逆流

独步天下：梅西传

新帅当立

　　阿根廷队只有一个梅西可以依赖，显然单核球队在世界杯上难以走得太远。巴萨则不同，除了梅西，还有伊涅斯塔、皮克、苏亚雷斯、拉基蒂奇，但是，虽然阵容强大，巴萨也面临一个现实问题，那就是阵容老化。

　　梅西已经年过三十，而冉冉升起的"新贵"内马尔也在 2017 年夏天以 2.2 亿欧元的身价转会去了巴黎圣日耳曼。这支过去三年两夺西甲冠军、一夺欧冠冠军、实现国王杯三连冠的王师巴萨，不可避免地陷入阵容老化危机。尤其在"掌舵人"恩里克卸任之后，这支"红蓝战舰"将驶向何处，所有人都不得而知。

　　早在 2016/2017 赛季，就传出内马尔不满自己在巴萨队中的地位。可能是梅西太强大了，越是靠近他的竞争者，就越感受到绝望，内马尔最终还是选择加盟"大巴黎"。

　　对于巴萨管理层来说，内马尔的出走无疑是一个沉重的打击，他们不仅失去了一个才华横溢的天才巨星，还失去了内马尔身后的巴西市场。

　　恩里克走后，原毕尔巴鄂竞技主教练埃内斯托·巴尔韦德成为巴萨新主帅，这位多年执教西甲中下游球队的名帅，首次拿起了西甲豪门的帅印。各界对这位豪门"菜鸟"教练充满着质疑，这时的巴萨"MSN 组合"分崩离析，不再拥有哈维，但他们还有梅西、阿尔巴、皮克、布斯克茨、拉基蒂奇、登贝莱和苏亚雷斯，牌面阵容依旧强大。在一片质疑声中，巴尔韦德率领巴萨开始了 2017/2018 赛季。

　　近几年来，西甲除了巴萨和皇马两大传统豪门，马德里竞技也强势崛起。此外还有瓦伦西亚、塞维利亚、毕尔巴鄂竞技、比利亚雷亚尔、皇家社会等球队都在（电视转播分红）财政状况改善之后，提高青训质量，人才储备雄厚。随之而来的改变就是西甲这些球队有望打破巴萨、皇马、马竞三甲垄断西甲的格局。

　　欧冠改制之后，没有球队实现过冠军卫冕，但皇马实现了。他们在过去三年并没有进行天价引援，却展现出前所未有的阵容厚度，令巴萨球迷感到一丝恐怖的寒意。

　　天才少年登贝莱也许是内马尔之后、世界足坛"90 后"最强的影子前锋，但是现在还不足以撼动西甲格局和欧冠格局，库蒂尼奥能否接过伊涅斯塔的大旗，巴尔韦德教练

能否力挽狂澜？一切都不得而知。好在巴萨还拥有梅西。

这位现役足坛的球王级巨星在伊涅斯塔逐渐淡出巅峰期、马斯切拉诺离开的情况下，毫无争议地接过了队长袖标，正式成为巴萨的竞技和更衣室双料领袖。

西甲竞争空前激烈，皇马在欧冠表现空前强大，反观巴萨：关键位置上人员老化，由于巴萨（金元建队并去青训化影响）模式的束缚，阵容在年龄结构以及轮换厚度上，都难以恢复巅峰水平，所以 2017/2018 赛季，巴萨面临的考验是史无前例的。

危难之际，又是梅西站了出来，他作为队长，完全承担起球队领袖的重任，率领着这样一支并不令人信服的巴萨，开启了西甲联赛的夺冠征程。

2017/2018 赛季，巴萨虽然缺少内马尔，却依然在西甲联赛中高歌猛进，实现连续36 场不败（跨赛季连续 43 场）的傲然战绩，创下西甲单赛季不败场次新纪录。

直到西甲第 37 轮，巴萨才以 4 比 5 小负莱万特，结束了这一波气势如虹的不败之旅。最终，巴萨也以 28 胜 9 平 1 负积 93 分，夺得 2017/2018 赛季的西甲冠军。

2017/2018 赛季，梅西在西甲联赛一共打进 32 粒进球，成为第一位在 7 个西甲赛季进球数超 30 的球员。位置后撤并承担中场组织的梅西，进球效率依旧惊人。

逆流而上

Lionel Messi

  2017/2018 赛季，巴萨在西甲联赛中所向披靡，在欧冠赛场却遭遇"滑铁卢"。2018 年 4 月 5 日，欧冠 1/4 决赛首回合，巴萨在诺坎普球场以 4 比 1 大胜罗马。

  然而此后风云突变，4 月 11 日，欧冠 1/4 决赛次回合移师罗马奥林匹克体育场，罗马回敬巴萨一个以 3 比 0，并以 1 粒客场进球的优势淘汰"红蓝军团"，挺进决赛。

  罗马翻盘战，巴萨暴露出缺少（内马尔）攻击点以及防线羸弱的致命短板。梅西既要冲到前场当射手，又要回撤打组织，如此往复，巨大的体能消耗限制了梅西的发挥。

  2018 年夏天，梅西告别一届失意的世界杯之后，回到巴萨又迎来另一场告别。

  2018 年 7 月 2 日，伊涅斯塔宣布将离开巴萨。自此，这位效力巴萨长达 17 个赛季的中场大师告别诺坎普。梅西心中无比惆怅，但必须坚强，因为随着普约尔、巴尔德斯、

哈维以及伊涅斯塔的相继离开，梅西必须独自承担巴萨领袖的重担。

梅西、皮克和布斯克茨为代表的拉玛西亚"87 黄金一代"成为巴萨的轴心。

虽然巴萨夺取了 2017/2018 赛季西甲冠军，但是在欧冠赛场上，巴萨在 4 比 1 领先后却被罗马以 3 比 0 神奇逆转，惨遭淘汰的"红蓝军团"充分暴露出孱弱的防线。

布斯克茨单后腰加上皮克、乌姆蒂蒂、阿尔巴和罗贝托组成的中后场体系已经被各个球队反复研究。而更可怕的是，这套中后场阵容的年龄不断老化。其中被寄予厚望的乌姆蒂蒂，对阵罗马的次回合比赛上接连犯下两次低级失误。

形势严峻，巴萨引援迫在眉睫。他们从塞维利亚引进了朗格莱，还引进了中场悍将比达尔和巴西新秀阿图尔，却也流失了迪涅、比达尔、米纳、保利尼奥和帕科。从整体来看，巴萨实力有所下滑，正因如此，他们在新赛季更加倚仗梅西。

2018/2019 赛季西甲联赛的首轮，巴萨对阵阿拉维斯，梅西在下半场突然发威，以一记"贴地斩"任意球中鹄，而这也正是巴萨队史的第 6000 粒（西甲联赛）进球。

巴萨先拔头筹后，库蒂尼奥在小禁区前射出一支"穿云箭"，帮助巴萨以 2 比 0 扩大战果。最后读秒阶段，梅西接到苏亚雷斯的挑传，顺势推射破门，帮助巴萨锁定胜局。

巴萨在第三轮以 8 比 2 大胜韦斯卡后，梅西梅开二度。可惜经此火力全开的一战后，巴萨进攻乏力的问题逐渐展现。

由于征战世界杯的缘故，梅西未能在休赛期储备充足的体能，随着赛季深入，他拖着疲惫的身体在高强度比赛中举步维艰。梅西因此表现不佳，巴萨旋即进攻不利，面对吉罗纳、莱加内斯、毕尔巴鄂竞技和瓦伦西亚的连续四战，未取一胜。

巴萨对阵塞维利亚。梅西在第 12 分钟打入一球，第 26 分钟他与巴斯克斯争抢时，狠狠地摔倒在地，赛后诊断为右臂桡骨骨折，至少缺席三周，无缘"国家德比"。

2018 年 11 月 24 日，缺席一个月，梅西终于重回赛场。

11 月 28 日，欧冠小组赛，巴萨对阵埃因霍温。比赛第 61 分钟，梅西在大禁区线上拿球，并在 5 个防守球员的包夹中连续调整脚步，随后从人缝中将皮球打入近角。

随后第 70 分钟，梅西撮出一记诡谲的半高任意球，皮球直接挑过人墙传到皮克脚下，后者顺势一垫，将比分扩大到 2 比 0。一传一射，梅西宣告自己王者归来。

拥有梅西，巴萨在各项赛事连续 18 场保持不败。其中，梅西在对阵塞维利亚的联赛中以一个"帽子戏法"完美复仇。而紧跟着两轮联赛后，梅西又在对阵贝蒂斯的比赛

中再次上演"帽子戏法"。

　　梅西在两轮西甲联赛的间隙，率领巴萨马不停蹄地征战欧冠联赛，并在对阵里昂的次回合比赛中梅开二度，帮助巴萨以 5 比 1 大胜对手，成功晋级欧冠八强。

　　欧冠 1/8 决赛，巴萨对阵曼联的首回合比赛，苏亚雷斯头球攻门导致卢克·肖打入一粒乌龙球，巴萨在客场以 1 球小胜，掌握了出线的主动权。

　　2018 年 4 月 17 日，欧冠 1/8 决赛次回合比赛，回到诺坎普球场的梅西如有神助。第 16 分钟，梅西用一个"油炸丸子"过掉弗雷德，在弧顶处左脚施射入网，帮助巴萨首开纪录。第 16 分钟，梅西又在大禁区前沿右脚推射，曼联门将德赫亚出现"黄油手"，皮球再次漏入网窝。

　　梅西左右开弓，在 4 分钟内梅开二度，巴萨以 2 比 0 领先曼联，总比分变成 3 比 0 ！

　　第 61 分钟，梅西长传制导，阿尔巴垫球回做，跟进的库蒂尼奥右脚劲射直挂球门死角，巴萨最终以 3 比 0 击败曼联，两回合以总比分 4 比 0 淘汰对手，挺进欧冠四强。

再遭逆转

　　梅西伤愈归来后，巴萨在各项赛事中始终维持着强劲的势头。2019 年 4 月 28 日，梅西替补出场打入制胜球，巴萨以 1 比 0 小胜莱万特，以积分 83 分的佳绩提前三轮夺得西甲联赛冠军。梅西贡献 36 粒进球和 13 个助攻，荣膺西甲的射手王和助攻王。

　　2018/2019 赛季，巴萨在西甲赛场上一路傲视群雄。反观皇马，自从 C 罗在 2018 年 7 月转会到尤文图斯之后，便失去了与之抗衡的实力，落后巴萨多达 19 分。

　　"红蓝军团"在此赛季登顶西甲之后，创造了近 11 个赛季 8 次夺得西甲冠军的壮举，队史的荣誉库中也增添了第 26 座西甲冠军奖杯。

　　巴萨在西甲赛场上志得意满后，决心要在欧冠赛场上一雪前耻（上赛季在欧冠 1/4 决赛中被罗马耻辱性逆转）。"红蓝军团"在 2018/2019 赛季的欧冠比赛中一路势如破竹，并且在 1/8 决赛中以总比分 4 比 0 击溃"红魔"曼联。

　　挺进半决赛后，巴萨迎来的是另一支英超劲旅——利物浦。

与自弗格森退休后"辉煌难再续"的曼联不同，利物浦这支英格兰老牌球队终于在名帅克洛普的带领下完成救赎。他们以萨拉赫和马内领衔的锋线在英超联赛所向披靡，而范戴克、法比尼奥、维纳尔杜姆以及阿利松坐镇的防线也日益稳健。

2019 年 5 月 2 日，巴萨与利物浦的欧冠半决赛首回合比赛在诺坎普球场进行。

比赛第 26 分钟，阿尔巴一脚直塞精准地找到反越位的苏亚雷斯，后者垫射攻破老东家的球门，为巴萨先拔头筹。第 75 分钟，苏亚雷斯的射门击中横梁弹出，拍马赶到的梅西用胸部卸下皮球后，顺势推空门得手，帮助巴萨以 2 比 0 领先。

第 82 分钟，梅西在中路被撞倒，博得任意球。主罚任意球的梅西一脚兜射，皮球划过一道彩虹弧线直奔球门右上角，利物浦门将阿利松鞭长莫及。这粒任意球破门是梅西在 2018/2019 赛季为巴萨打进的个人第 48 粒进球，也恰好是巴萨队史第 600 粒进球。

3 比 0，巴萨锁定首回合的胜利，几乎一只脚踏入了欧冠决赛。

值得一提的是，比赛第 90 分钟，巴萨快速反击，登贝莱得到直接面对门将的良机，但射门却绵软无力，被阿利松轻松没收。巴萨错失了在当时看来锦上添花的进球，却给利物浦留下一线生机。反观利物浦，萨拉赫打中门框，说明他们似乎也欠缺了运气。

"渣叔"克洛普教练留下一句"我们没有输给巴萨，只是输给梅西"后扬长而去。

此话意味深长，为之后的翻盘埋下伏笔。

"不死鸟"利物浦是一支坚忍不拔、永不言弃的球队。2005 年欧冠决赛伊斯坦布尔的大逆转被铭刻在利物浦的走廊墙上，激励着后辈永不独行、开创奇迹。

2019 年 5 月 8 日，带着首回合 3 比 0 的领先优势，巴萨来到安菲尔德球场。

欧冠半决赛次回合，菲尔米诺与萨拉赫均因伤高挂免战牌，克洛普教练捉襟见肘，他派上沙奇里和奥里吉，利用体能与速度的优势，来反复冲击巴萨的防线。

开赛第 7 分钟，奥里吉便在罗贝托身后觅得良机破门得手。依然手握两球领先的巴萨众将似乎嗅到一丝不祥的预兆，阿尔巴、库蒂尼奥、苏亚雷斯，甚至梅西的脸上都似乎萦绕着一年前那如诅咒一般的噩梦。

狭路相逢勇者胜，向死而胜的利物浦打出奔腾不息的攻击潮。下半场一开场，替补上阵的维纳尔杜姆便在门前捅射破门。总比分上，利物浦仅仅落后 1 球。

2 分钟后，沙奇里在左路起高球传中，维纳尔杜姆高高跃起，力压皮克再度破门。

利物浦虽然以 3 比 0 领先，但总比分依然是 3 比 3 平，两队仍在同一起跑线，然而此时的巴萨已不堪重负。第 78 分钟，巴萨后卫线竟然集体漏掉利物浦的角球，奥里吉在无人盯防的情况下轻松破门。利物浦在主场以 4 比 0 击败巴萨，并以总比分 4 比 3 淘汰对手，昂首挺进欧冠决赛。

巴萨连续两年在首回合大比分领先的情况下被对手逆转淘汰，主帅巴尔韦德成了球迷和媒体口诛笔伐的对象。长期以来巴尔韦德安排梅西进行中前场串联，从而导致梅西在赛季后段因体能消耗巨大而发挥不佳，这一"昏招"也成为众矢之的。

从巴萨阵容的年龄结构和薪资结构来看，存在着极为严重的溢价和老化现象。

皮克、布斯克茨、苏亚雷斯和梅西组成的中轴线几乎无人替换，乌姆蒂蒂、登贝莱和罗贝托等球员都领着超出球场表现的薪水，这样的球队缺少在逆境中崛起的动力。

此时的梅西，成为巴萨最后一块"遮羞布"。整个 2018/2019 赛季，梅西各项赛事登场 50 场并打入 51 球，他同时担任着球队组织者和终结者的角色，利用自身强大的进攻威慑力来吸引对手的重兵，分担着巴萨防守端的压力。

梅西纵然神勇，但足球是集体的运动。连续两年被逆转的窘况提醒着巴萨管理层，虽然梅西有着能改变比赛的能力，却不能扭转球队下滑的颓势，新变革势在必行。

第十二章
积重难返

独步天下：梅西传

"MSG" 组合

Lionel Messi

巴萨在 2018/2019 赛季饱尝阵容老化的苦果之后，决定斥巨资引进新的青年才俊。

2019 年 7 月 1 日，巴萨接连引进阿贾克斯天才中场德容、巴西后卫埃默森以及瓦伦西亚门将内托。2019 年 7 月 12 日，巴萨又以 1.2 亿欧元的天价转会费挖来马德里竞技的王牌前锋格列兹曼。自此，"红蓝军团"的"新三叉戟"组合"MSG"正式成形。

梅西（Messi）、苏亚雷斯（Suarez）、格里兹曼（Griezmann）的"MSG"组合（取三人姓氏的首字母组成）可谓万众瞩目，三位大师级球星均传射俱佳、意识出众，他们如果配合默契，完全有望延续"MSN"的辉煌。

但巴萨的大手笔转会不止于此，8 月 4 日，巴萨又从皇家贝蒂斯买下菲尔波来作为阿尔巴的替补，而上赛季发挥起伏不定的库蒂尼奥被外租至拜仁。

巴萨管理层即便在转会市场上收获颇丰，却并没有解决球队的根本问题，巴萨的中轴线仍然是由皮克、阿尔巴、布斯克茨、梅西和苏亚雷斯来搭建，尽管德容和格列兹曼正值当打之年，但作为新人，他们很难融入其中。

如精灵一样飞舞，如刺客一样闪袭，一头飘逸闪耀的金发，一副忧郁俊美的面容，格里兹曼这位拥有华丽脚法的足球王子，与梅西、苏亚雷斯组成"MSG"看上去似乎是天作之合，然而现实并非那样完美。

格里兹曼喜欢"九号半"，这与梅西在中路的位置有些重合。巴尔韦德教练让格里兹曼顶替库蒂尼奥来打左边锋，这个位置需要一对一的突破爆发力，让格里兹曼有些勉为其难，再加上巴萨小快灵的渗透打法，初来乍到的格里兹曼也很不适应。

相比较于塞维利亚、马德里竞技等俱乐部雇用专业团队来打理人事业务，巴萨选人更遵从巴托梅乌的意愿，而非

从球队的角度来物色更适合的引援人选。也正因如此，如库蒂尼奥和登贝莱这样看似优秀的新援却在赛场上始终表现平平。

巴萨的中轴线依然老化，招兵买马看似强劲，却改变不了球队逐渐老去的本质。

梦幻之师虽然老去，但上帝偏爱加泰罗尼亚，让巴萨拥有云蒸霞蔚、气象万千的梦幻舞步。如果说巴萨是让世人迷醉的足球艺术王冠，那么梅西就是王冠上的明珠。

2019 年 9 月 24 日，32 岁的梅西力压 C 罗、范戴克，获得 2019 年度国际足联最佳男子球员奖（前世界足球先生奖）。2018/2019 赛季，梅西代表巴萨共出战 50 场，打进 51 球，送出 19 次助攻。其中梅西在 34 场西甲联赛中打进 36 球并送出 13 次助攻，两项数据均为五大联赛之最，并率领巴萨最终如愿卫冕西甲联赛冠军。

此前，梅西包揽 2018/2019 赛季西甲最佳球员、最佳射手和欧冠最佳射手，此刻又将 2019 年度国际足联最佳男子球员奖的荣耀揽于一身，可谓风光无限。

第六个金球

任何王者归来都需要时间，巴萨在2019/2020赛季的开局并不顺利，巴尔韦德饱受质疑，梅西也受困于小腿伤势，直到9月17日才替补复出，但很快就找到状态。

2019年10月3日，欧冠小组赛第2轮，巴萨主场以2比1逆转国际米兰。第84分钟，梅西在中场长驱突破，连过数人，摆脱后横传，助攻苏亚雷斯低射破门，绝杀对手。

2019年10月6日，巴萨主场对阵塞维利亚，梅西在第78分钟打入一记"落叶斩"任意球，帮助球队以4比0大胜对手。这粒任意球也是梅西在西甲赛场打进的第420个进球，打破由C罗保持的五大联赛球员的总进球（419球）纪录。

2019年10月23日，梅西又在对阵布拉格斯拉维亚队时打入了他当赛季的欧冠首球，正式成为欧冠正赛首位连续15个赛季都有进球的球员。

10月29日，梅西在对阵巴拉多利德的西甲联赛中上演该赛季的首个"梅开二度"，这两粒进球也帮助梅西以608球的成绩超越C罗的俱乐部一线队（606球）纪录。11月9日，梅西又上演了他赛季首个"帽子戏法"，帮助球队以4比1大胜塞尔塔。

2019年11月27日，巴萨对阵多特蒙德，恰逢梅西代表巴萨的第700场比赛，他打入一球并贡献两次助攻。

2019年12月3日，梅西以686分成功击败范戴克与C罗，捧起了自己的第6座金球奖，成为金球奖史上第一人。这是梅西职业生涯第6次获得此项至尊荣耀，超越C罗（5次），成为获得金球奖次数最多的球员。此前，梅西在2009年、2010年、2011年、2012年和2015年均夺得金球奖，其中包括一波空前的金球奖四连霸。

尽管巴萨在上赛季未能在欧冠一雪前耻，但是梅西的发挥仍然有目共睹。在这支老

迈的巴萨中，梅西几乎凭一己之力维持着这支豪门球队倔强的尊严。

格列兹曼的加盟一定程度上打破了梅西和苏亚雷斯这对锋线组合的平衡。擅长串联的格列兹曼虽然可以分担梅西的组织任务，但由于格列兹曼在无球跑位上并不擅长，这样一来弊大于利，反而削弱了球队进攻的效率。

在梅西捧起金球之后，"MSG"的锋线组合表现平平，反倒是法蒂和佩雷斯在欧冠比赛面对米兰时大放异彩，帮助巴萨锁定小组头名出线。

在巴尔韦德执教下，豪华无比的巴萨新阵容在新赛季始终未能打出预期的成绩。2020年1月9日，西班牙超级杯赛半决赛，巴萨2比3输给马德里竞技，成为"压倒骆驼的最后一根稻草"。1月14日，巴萨解雇了球队主帅巴尔韦德。

随后，巴萨宣布巴尔韦德的接替者为皇家贝蒂斯原主帅基克·塞蒂恩。如此仓促与情绪化的换帅行为、畸形的薪资结构，加上迟迟未见成效的巨额引援，让巴萨再一次步入了混乱的动荡之中。

至暗时刻

Lionel Messi

2020 年 1 月 14 日，巴萨解雇主帅巴尔韦德。1 月 25 日，动荡不堪的巴萨客场输给了瓦伦西亚，将联赛头名的席位拱手让给死敌皇马。巴萨在接下来的三轮联赛中，梅西和格列兹曼的双影锋组合始终未能有所发挥，直到面对埃瓦尔的比赛中，格列兹曼改为突前中锋，获得空间的梅西才上演了本赛季第一次"大四喜"。

3 月 1 日，巴萨在"国家德比"中 0 比 2 不敌坐镇主场的皇马。随后尽管梅西连续三场斩获进球，但巴萨与塞维利亚、塞尔塔和马德里竞技的"三连平"，彻底让球队退出争冠的行列。

2020 年早春，由于新冠肺炎疫情急速蔓延，欧冠赛事只得延期。巴萨与那不勒斯的欧冠 1/8 决赛次回合比赛一直到 8 月 2 日才得以进行。

巴萨两回合以总比分 4 比 2 轻取那不勒斯后，在 1/4 决赛遭遇强敌拜仁。

巴萨与拜仁曾在 2014/2015 赛季欧冠半决赛相遇，彼时风头正劲的"梦幻军团"两回合总比分 5 比 3 淘汰"南部之星"。时过境迁，2020 年因为疫情原因，他们狭路相逢，（在空场的球场）一场定胜负。

2020 年 8 月 15 日，欧冠 1/4 决赛，巴萨和拜仁在里斯本光明球场展开较量。

拜仁在 2019/2020 赛季的下半程气势如虹，而巴萨表现不如以往，但凭借梅西与"宇宙队"的底蕴，这场比赛依旧视作势均力敌的巅峰碰撞。

面对强大的拜仁，巴萨首发没上格里兹曼，而选择求稳的 442 阵形。但拜仁用 4231 阵形进行高位施压，"红蓝军团"的防守线瞬间被打爆。

开场仅 3 分钟，穆勒与莱万踢墙配合，穆勒在门前推射得手，拜仁以 1 比 0 领先。

3 分钟后，阿尔巴禁区左路传中，阿拉巴门前解围自摆乌龙，巴萨将比分扳平。

第 21 分钟，佩里希奇突入禁区后小角度射门命中，拜仁以 2 比 1 再度领先。

第 27 分钟，戈雷茨卡转身挑传，格纳布里禁区内抽射入网，拜仁以 3 比 1 领先。

3 分钟后，穆勒小禁区内抢射得手，拜仁将比分扩大为 4 比 1。

下半场开始 10 分钟，阿尔巴左路传中，苏亚雷斯晃过博阿滕后，起脚推射得分，巴萨将比分扳成 2 比 4。

接下来第 63 分钟，基米希轻松推射进空门；第 82 分钟库蒂尼奥从左路突入禁区后传中，莱万轻松将球顶进空门；第 85 分钟、第 89 分钟，库蒂尼奥梅开二度。

拜仁在 30 分钟内连入四球，最终以 8 比 2 淘汰巴萨，昂首挺进欧冠四强。

最终，拜仁杀入决赛，并以 1 球小胜巴黎圣日尔曼，问鼎欧冠，成为欧洲新霸主。

而巴萨的这场比赛也成为拜仁登顶之路的经典之战。2 比 8，巴萨遭遇了自 1951 年以来最大的失利分差，也成为欧冠淘汰赛史上首支单场丢 8 球的球队。

巴萨老帅塞蒂恩在上半场排出的 442 阵形完全阻挡不住拜仁的冲击，他虽然用格里兹曼换下罗贝托，变阵 433 以求奋力一搏，但终究还是完败。

巴萨租借给拜仁的库蒂尼奥，用两粒进球和 1 次助攻，彻底打垮了巴萨的意志。这无异于杀人诛心的表现，似乎证明了"南橘北枳"，"库鸟"在巴萨碌碌无为并非因为自己实力不济。

这场比赛也是梅西职业生涯最耻辱的一场比赛。

在速度、冲击力、年龄都占有绝对优势的拜仁面前，这支巴萨疲于奔命。

梅西仍然是世界顶级的球员，但足球是11人的团队运动，当整支球队都出现问题时，梅西无力独揽狂澜。

赛后皮克对于巴萨现状表示："我认为俱乐部需要改变，我愿意第一个让位。"

《每日体育报》头版标题就是"史诗级羞辱"，秉笔直言："拜仁的每一次进攻都是对巴萨的一次屠杀，就像一把把看不见的匕首刺向老迈的巴萨。"

以前当巴萨陷入困境时，梅西总能以一己之力盘活球队，就像指引航向的灯塔。而自哈维、伊涅斯塔以及那一代球员淡去后，巴萨其实已踢不出"tiki-taka"了。

巴萨的442阵形，让其中场很难维持以前的覆盖力。从2010年开始制霸，到2020年惨烈败北，10年时间，巴萨的传统风格已被其他豪强压制，急需重塑一套新体系。

"红蓝军团"在西甲联赛开局遭遇跨赛季连续8个客场不胜；2020年1月又在西班牙超级杯半决赛上遭到马竞绝杀；国王杯1/4决赛被毕尔巴鄂竞技绝杀出局；西甲联赛连平，最终屈居亚军；欧冠1/4决赛巴萨又以2比8的悬殊比分被拜仁淘汰出局。

2019/2020赛季，巴萨12年来首次在单赛季没有夺得任何冠军，陷入至暗时刻。

疫情的影响加上球队各条战线的溃败，巴托梅乌的领导团队、塞蒂恩的教练组以及以梅西、皮克和布斯克茨为首的更衣室领袖们，自然都成了外界抨击的对象。

但是事实上，梅西在巴萨如此低迷的2019/2020赛季，仍然参加44场比赛并打入31球，其中（西甲）25粒进球和21个助攻，荣膺西甲射手王和助攻王。

"梅球王"依旧表现强劲，巴萨的失利应该由管理层买单。

在瓜迪奥拉离开、恩里克短暂复兴之后，曾经的"宇宙队"回归地球。惨痛的失利以及管理层的平庸，让梅西有了激活合同中自由离队条款的想法。巴托梅乌团队坚持认为梅西的这一条款已经失效，想要以7亿欧元的违约金强留梅西。

2020年8月19日，巴萨解雇塞蒂恩，巴萨主帅一职由罗纳德·科曼接替。

罗纳德·科曼曾是巴萨"梦一队"的股肱之臣，1992年欧冠决赛打入唯一进球，成功帮助巴萨捧起第一座大耳朵杯，球员时期有"重炮手"之称。

巴萨确定新主帅之后，9月5日，梅西表示将为巴萨再奋战一年，等到2021年合同到期后再做决定，这位"巴萨之子"对于这片土地依然有着深深的眷恋。

告别"苏神"

Lionel Messi

虽然更换了主帅，但巴萨却仍未停止崩盘的趋势。

2020年7月1日，巴萨用年轻球员阿图尔换来尤文图斯的中场老将皮亚尼奇，这笔"寅吃卯粮"的交易瞬间点燃了巴萨球迷的不满。随后10月1日，巴萨又从阿贾克斯引进年轻右后卫德斯特，再加上18岁的佩德里，巴萨的休赛期引援便匆匆结束。

巴萨在2020年休赛期不仅没能通过引援来增强即战力，而且雪上加霜的是，多位重要球员因为球队经营不善而被迫离队：图兰在7月1日以自由身离队，拉基蒂奇仅仅以150万欧元的身价回归到塞维利亚，比达尔也以自由身前往国际米兰，而最让球迷和球员心痛与失望的是，只为了省下薪水开销，巴萨竟然将战功赫赫、队史最佳中锋之一的苏亚雷斯以免费的方式送到竞争对手——马德里竞技手中。

2020年9月24日，苏亚雷斯泪洒巴萨告别会的现场。作为代表"红蓝军团"夺得13个冠军、出战283场、打入198粒进球的历史第三射手，苏亚雷斯对诺坎普流露出无限的眷恋。然而迫于财政压力，巴萨最终还是决定舍弃了他。新帅科曼秉承巴萨高层意志，通过1分钟电话通知苏亚雷斯离队，这种冷血方式激怒了苏亚雷斯最亲密的搭档与兄弟——梅西，后者直接炮轰巴萨管理层的无情。

巴萨在最近数个赛季引援无果，加上2020年因新冠肺炎疫情导致收入暴跌，已经沦为欧洲五大联赛中亏损最为严重的球队之一。2020年10月27日，连番荒诞的转会操作，连续三年的欧冠出局，加上巨额的财政赤字，以及近两万名巴萨会员的联名声讨，终于让巴萨主席巴托梅乌被迫辞职。

梅西虽然不满巴萨乱局，但在风雨飘摇之中，还是毅然决定成为巴萨的定海神针。

在各路大将纷纷离队之际，梅西继续担任巴萨的队长，还成为佩德里、法蒂、德容等青年才俊的良师，希望率领这支巴萨重塑昔日的辉煌。

然而现实很残酷，彼时缺兵少将的巴萨实力陡然下降，不要说豪门，就连强队也算不上。巧妇难为无米之炊，梅西也不得不面对那些无奈的失败。

巴萨在前十轮联赛中只收获 3 场胜利，受到伤病困扰的梅西也仅仅打入 3 粒进球。但幸运的是，在确立了皮克、布斯克茨、佩德里和梅西组成的核心阵容之后，巴萨突然找到了获胜的钥匙。从 2020 年 11 月 19 日战胜奥萨苏纳开始，巴萨在 21 轮西甲联赛中只输掉了 1 场比赛，而梅西继续刷新着各项纪录。

2020 年 12 月 22 日，西甲第 15 轮，巴萨在客场以 3 比 0 战胜巴拉多利德，梅西攻入代表巴萨的第 644 粒进球，超越贝利的 643 球，成为代表单一俱乐部进球最多的球员。

2021 年 3 月 22 日，梅西在对阵皇家社会的比赛中，第 768 次代表巴萨出场，超越哈维成为代表巴萨出场次数最多的球员。

2020/2021 赛季西甲收官阶段，巴萨经历一波（5 战 1 胜 2 平 2 负）低潮期，最终仅名列第三名。随后巴萨又在西班牙超级杯决赛中以 2 比 3 不敌毕尔巴鄂竞技屈居亚军，在欧冠 1/8 决赛的两回合比赛中被巴黎圣日耳曼以 2 比 5 淘汰。

整个 2020/2021 赛季，巴萨仅仅收获了国王杯这一项冠军，与往日动辄"数冠王"的辉煌时代不可同日而语。2020/2021 赛季，梅西在西甲联赛中共打进 30 球，连续第 5 次加冕西甲最佳射手。即便是面对强大的"大巴黎"，梅西依然在主客场均取得进球。

梅西依然是那个无所不能的梅西，巴萨已不是那个君临天下的巴萨。而彼时更为无奈的是——梅西的合同到期了。

2021 年 6 月 30 日，梅西与巴萨的合同正式到期，他在加盟巴萨 20 年之后首度恢复自由身。2017 年，梅西曾与巴萨签订一份 4 年 6.74 亿美元的续约合同，随着这份世界体育史上的最大合同到期，梅西在自己的职业生涯中首次面临失业的问题。

梅西失业了，他与巴萨的续约悬而未决，虽然亟须考虑再就业等事宜，但彼时的梅西有更重要的事要做，那就是率领阿根廷队在巴西夺下美洲杯。

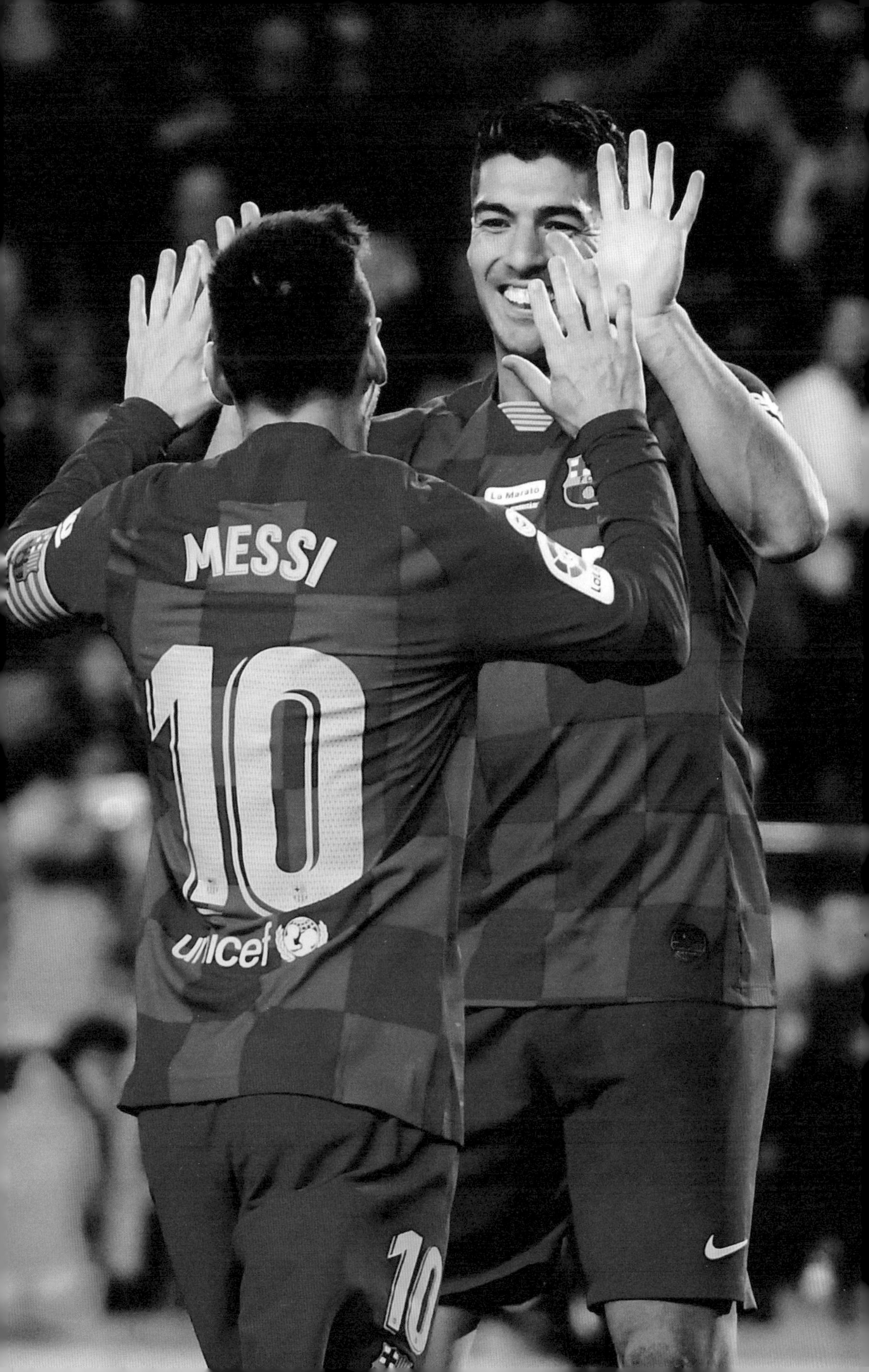
MESSI
10
unicef
La Marató
10

第十三章
巅峰低谷

独步天下：梅西传

圆梦美洲杯

Lionel Messi

　　对于梅西而言，当务之急是率领阿根廷队夺下 2021 年的美洲杯。

　　2021 年 6 月 15 日，阿根廷队美洲杯的首场比赛，第 33 分钟，梅西在禁区弧顶打入一粒精彩绝伦的任意球。下半场智利名将比达尔的点球被扑出后，巴尔加斯补射建功，智利队将比分扳平，阿根廷队最终以 1 比 1 战平老对手。

　　6 月 22 日，梅西助攻戈麦斯破门，阿根廷队战胜巴拉圭队。这是梅西代表阿根廷队出场的 147 次比赛，追平马斯切拉诺，并列成为代表阿根廷队出场最多的球员。

　　6 月 29 日，阿根廷队对阵玻利维亚队，梅西上演"梅开二度"并送出 1 次助攻，率领阿根廷队以 4 比 1 大胜对手，锁定小组头名出线。

　　2021 年 7 月 4 日，美洲杯 1/4 决赛，阿根廷队兵不血刃，以 3 比 0 击败厄瓜多尔，第 93 分钟，梅西用一脚势大力沉的任意球破门为球队锁定胜局，其职业生涯任意球破门总数提升至 57 球，超过 C 罗的 56 球，成为现役打进任意球最多的球员。

　　美洲杯半决赛阿根廷队面对哥伦比亚队，梅西开场仅 7 分钟便在人群包夹中分球，

助攻劳塔罗破门得分。随后梅西和劳塔罗的组合多次在哥伦比亚队门前形成威胁，但未能扩大战果。下半场第 61 分钟，迪亚兹小角度射门得手，为哥伦比亚队扳平比分。

双方一直到加时赛结束，都未能再有建功，只得进入残酷的点球大战。

遥想 2016 年美洲杯决赛阿根廷队与智利队的点球大战，梅西踢飞了第一粒点球，阿根廷队最后屈居亚军。赛后，无比失落的梅西泪流满面，并宣布从国家队退役。虽然并未说出缘由，但所有人都知道，始终无法为阿根廷队赢得冠军是梅西的心结。

2014 年世界杯亚军、2015 年和 2016 年美洲杯的连续亚军以及 2018 年世界杯的耻辱出局，国家队荣誉的空白，成为横亘在梅西球王加冕道路上的一道槛。

但 2021 年美洲杯，梅西准备好了，他要打破国家队无冠宿命，慧剑斩心魔。

在哥伦比亚队命中第一个点球后，梅西依然作为队长首罚点球，他用一记快若流星的推射，皮球直线飞向球门右上方。这记点球破门，不仅击碎梅西的心魔，还瞬间点燃了阿根廷队的斗志。阿根廷门将马丁内斯也许是受到梅西的鼓舞，突然如有神助，在点球大战上演"三扑"，分别扑出哥伦比亚队桑切斯、米纳和卡多纳的点球，最终阿根廷队以 3 比 2 赢得点球大战，以总比分 4 比 3 淘汰对手，挺进决赛。

2021 年 7 月 11 日，美洲杯决赛如期举行，阿根廷队与巴西队在马拉卡纳球场上演火星撞地球般的"超级美洲德比"。

这一次，面对内马尔领衔的巴西队，梅西和阿根廷队决意不再让冠军从指间溜走。

第 22 分钟，迪马利亚挑射破门，阿根廷队取得一球领先。第 88 分钟，梅西杀入禁区，球到人到，面对巴西门将形成单刀，可惜梅西不慎滑倒，错失这绝佳的进球机会。

最终，阿根廷队以 1 比 0 战胜巴西队，获得美洲杯冠军，这也是"潘帕斯雄鹰"自1993 年之后时隔 28 年再度问鼎美洲杯。

夺冠日也是梅西失业的第 11 天，他以失业队长的身份率领阿根廷队夺得美洲杯。此届美洲杯，梅西发挥相当出色，贡献 4 粒进球 5 次助攻，荣膺此届美洲杯的最佳球员、最佳射手以及助攻王。此外，梅西还 9 次制造进球、21 次策动机会，均名列赛事最佳。

有失才有得！34 岁的梅西终于在自己参加的第 10 届洲际大赛（6 届美洲杯、4 届世界杯）中，打破了未能在成年国家队收获冠军的宿命。

球王贝利有 3 次世界杯冠军，马拉多纳在 1986 年勇夺世界杯后又在意甲单挑"荷兰三剑客"，并率领那不勒斯勇夺队史首座联赛冠军。

阿根廷 2021 年美洲杯战绩表			
日期	对阵	比分	胜负
美洲杯小组赛			
6 月 15 日	阿根廷对阵智利	1 比 1	平
6 月 19 日	阿根廷对阵乌拉圭	1 比 0	胜
6 月 22 日	阿根廷对阵巴拉圭	1 比 0	胜
6 月 29 日	阿根廷对阵玻利维亚	4 比 1	胜
美洲杯 1/4 决赛			
7 月 4 日	阿根廷对阵厄瓜多尔	3 比 0	胜
美洲杯半决赛			
7 月 7 日	阿根廷对阵哥伦比亚	1 比 1	平
		点球 3 比 2	胜
美洲杯决赛			
7 月 11 日	阿根廷对阵巴西	1 比 0	胜

当梅西被拿来与两位球王前辈进行比较时,俱乐部冠军与个人荣誉自然是琳琅满目,但始终未能带领国家队夺得任何国际大赛冠军,这始终让人们觉得他还未能与贝利和马拉多纳相提并论。而这一次,在 34 岁的年纪,梅西终于极具说服力地弥补了自己在国家队荣誉一栏上的空白。

2021 年 7 月，梅西率领阿根廷终于夺得美洲杯冠军，球王一名，当之无愧。

上届美洲杯折戟半决赛后，心灰意冷的梅西曾一度宣布退出国家队，如今他的荣誉栏上，已填补了洲际大赛冠军的空白，只缺少那一座分量最重的大力神杯。

红蓝难继

Lionel Messi

梅西率领阿根廷队首夺美洲杯之后，经历了一段惬意的假期。然而，当他不得不面对续约的难题时，才深刻体会到了幸福往往只是一副面具，悲情才是生活的主旋律。

2021年3月7日，曾经筹划"梦二"和"梦三"辉煌的架构师——胡安·拉波尔塔再次出任巴萨主席。5月31日，阿圭罗自由加盟巴萨。新主席拉波尔塔和好友阿圭罗的到来，让一年前萌生去意的梅西决定留在巴萨。

2021年8月6日，梅西携家人休假归来，他的父亲豪尔赫准备与巴萨敲定以前已基本协商好的续约合同，但此刻的巴萨新主席拉波尔塔却突然表示：在西甲现有的财政政策（工资帽）的束缚下，巴萨无法与梅西完成续约。

这一风云突变的决定，让梅西团队措手不及。出于对巴萨的忠诚，梅西表示愿意降薪50%，巴萨高层却表示依然无法续约，因为即便降薪，也达不到"工资帽"要求。

工资帽是西甲对各俱乐部执行的"费用封顶"政策，每个俱乐部在固定时间内在转会费和工资上面所花费总额不能超过西甲规定的上限。以巴萨当前高薪满营的现况以及连年亏损的时局来看，即便梅西降薪50%，巴萨续约后也会逾越西甲的"工资帽"。

在刚刚结束的2020/2021赛季，巴萨的亏损高达4.87亿欧元。拉波尔塔无奈地表示："我们非常希望留下梅西，但是很遗憾，由于西甲的规则，我们无法为梅西注册。"

无论是什么原因，现实是效力巴萨长达21年之久的梅西，收到了巴萨的逐客令。

遥想当年，青涩的梅西在接受采访时表示："如果自己将来离开巴萨，一定是俱乐部不要自己，他不会主动离开巴萨。"

没想到多年过去，一语成谶！

2021年8月8日，梅西在诺坎普1899礼堂召开告别发布会，为自己21年的巴萨生涯画上一个伤感的句号。还未发言，梅西已泣不成声，发言时数度哽咽，妻子安东内拉为他递上纸巾，这小小的纸巾，顿时让人感慨万千，思绪瞬间回到20多年前。

21年前，梅西的巴萨之缘开始于一张草拟约定的纸巾。

21年后，梅西的红蓝故事结束于一张浸满泪水的纸巾。

梅西的发声充满着无尽的伤感和无奈，看得出他对于巴萨的无限眷恋。

　　"这么多年我一直都在这里度过，我还没做好离开的准备。去年我的确萌生去意，但今年我真的想继续为巴萨效力。我一度以为还能继续留在这里，就像留在自己家中，和我最爱的队友和球迷们分享胜利的喜悦，并在巴塞罗那这座城市继续美妙的生活。"

　　"但今天我要说再见了。我在 13 岁时就来到这里，21 年后，我将和妻子以及三个小宝贝一起离开。我为自己在这里所做的一切感到无比自豪。感谢巴萨所给予我的一切，我也为了巴萨倾尽所有。希望有一天我能够归来，不论做什么工作。我希望力所能及地帮助巴萨，使其成为世界最好的俱乐部。"

　　"我是在巴萨价值观的影响下长大的，在这里经历了许多美好的过往，有过成功与失败，这些成就了今天的我，我会永远记住那些美好的画面。"

　　虽然巴萨拒绝了梅西，但梅西在发布会上对老东家没有一丝抱怨。因为巴萨就是他的家，梅西给巴萨留下的只有爱，没有一丝一毫的恨意。

　　事实上，无法续约梅西只是西甲影响力和营收能力下降的一个缩影。2018 年，皇马在欧冠三连冠的高光期，主席佛罗伦蒂诺却坚持卖掉 C 罗，就暴露出西甲下滑的端倪。

　　三年之后，"绝代双骄"的另一位——梅西，在同意降薪 50% 的情况下仍然被巴萨因财政赤字问题而拒绝续约，令所有西甲球迷都发出一声无言的叹息。

 独步天下

巴萨之耀

梅西巴萨荣耀数据

● 巴萨数据
总出场：778 场
总进球：672 球
总助攻：305 次

● 团队荣耀
西甲联赛冠军：10 届
国王杯冠军：7 届
西班牙超级杯冠军：8 届
欧冠联赛冠军：4 届
欧洲超级杯冠军：3 届
世俱杯冠军：3 届

● 个人荣耀
金球奖：6 届
世界足球先生奖：6 届
欧洲最佳球员奖：2 届
欧洲金靴奖：6 届
西甲最佳射手：8 届
西甲最佳球员奖：9 届
西甲最佳前锋奖：7 届
欧洲金童奖：1 届
世俱杯金球奖：2 届
世俱杯最佳球员：2 届

西班牙足协本想在梅西续约问题上放宽工资帽政策，以此来劝说巴萨支持西甲与 CVC 财团的合作计划。这项合作计划将以西甲、西乙共 42 支球队捆绑在一起未来 50 年的赛事转播权为代价来换取赞助费，这样无疑损失了西甲传统豪门的利益。

巴萨看清这一点之后，选择和皇马一起反对该合作计划。西班牙足协眼见劝说巴萨不成，就在梅西续约的事宜上拒不放行，任由这位过去十年西甲的旗帜球员去往其他联赛。梅西宁愿减薪 50% 也要留在巴萨，展现了足够的诚意与忠诚，但巨大财政赤字宛如一道鸿沟，横亘在梅西与巴萨之间，将他们过去携手并肩的 21 年与未来岁月，相隔得泾渭分明。

拉波尔塔竞选巴萨主席时，打出的王牌口号是"只有我可以留下梅西！我会给梅西开出一份无法拒绝的合同"。当梅西信以为真，并亲自为拉波尔塔竞选拉票之后，坐稳巴萨主席之位的"好朋友"拉波尔塔却让梅西如此不体面地离开了。

关于梅西离去，还有一层解读，那就是巴萨新帅科曼不想队中球员拥有特权，矛头指向梅西，而巴萨也有梅西"廉颇老已"的困惑，所以有了重建年轻化球队的构想。

无论什么原因，梅西与巴萨分道扬镳已是必然。

2021 年 8 月 10 日，梅西宣布将加盟巴黎圣日耳曼，签约两年。自此意味着，诺坎普球场再也没有那个熟悉的 10 号精灵，但那些光芒璀璨的 10 号传奇会在那里永恒绽放。

在那个充满遗憾与不舍的发布会之后，所有巴萨与梅西的球迷都陷入无限惆怅与悲伤的情绪之中，但纵有千般不舍、万众挽留，都唤不回梅西远去的身影，从此意难平……

曾几何时，球迷们常说皇马无情，因为在皇马效力多年的球星都难终老于伯纳乌，比如劳尔、卡西利亚斯、拉莫斯……现如今，巴萨似乎也走上了皇马的老路，能够在豪门从一而终的球员凤毛麟角。

我们曾经希望梅西像马尔蒂尼、巴雷西、托蒂和萨内蒂那样一生一队、终老于巴萨，如今看来太过理想化。那些忠诚就像易碎的水晶，在现实的颠簸辗转中早已不见踪影。

巴萨把梅西培养成了世界级足球巨星，但梅西也成就了巴萨十几年顶级豪门的辉煌。梅西虽然离开巴萨，但他早已在诺坎普球场留下一座无法逾越的永恒丰碑。

梅西在巴萨效力 21 年，其中代表一线队共出场 778 次，打进 672 球，完成 305 次助攻。率领巴萨夺得 10 届西甲冠军、7 届国王杯冠军、8 届西班牙超级杯冠军、4 届欧冠冠军、3 届欧洲超级杯冠军和 3 届世俱杯冠军。

个人方面，梅西也荣耀满载，他夺得 6 届金球奖、6 届世界足球先生、2 届欧洲最佳球员、6 届欧洲金靴、8 届西甲最佳射手、6 届欧冠最佳射手、10 届入选欧足联年度最佳阵容、15 届入选国际足联最佳阵容。

过去十几年，梅西就是巴萨一把镶满珍宝的绝世名剑，不仅能斩将夺旗，还震慑群雄。

巴萨成就了梅西，
梅西回报巴萨一个二十一载连绵如峰的光辉岁月。
毋庸置疑，他就是诺坎普的王者，率领"红蓝军团"
成为横扫地球的"宇宙队"。
虽然挥手离去，但诺坎普永远都有梅西的印迹。
任时光飞逝，他的一切美好如初。

春风作蹄难自哀，轻衣怒马尽英才。良师有道指明月，益友相扶勾陈摘。
猃狁八方风波下，狻猊七尺成轮台。仗剑四方凭谁问，横扫六合天下白。
天骄绝代意纵横，群英聚首金鳞开。更有今朝精诚至，球王加冕入蓬莱。
十年丹心临绝顶，八载碧血无人埋。栏杆拍遍青山远，一抹红蓝入梦来。

Lionel Messi

第十四章
风云再起

独步天下：梅西传

驾临"大巴黎"

Lionel Messi

2021 年 8 月 10 日，梅西与巴黎圣日耳曼签下一份 2+1 的合同，新合同年薪达到 4000 万欧元，还会得到 3000 万欧元的奖金，这份合同高于"大巴黎"的另两位巨星内马尔和姆巴佩，梅西也因此成为全队最贵的球员。

尽管价格不菲，但对于巴黎圣日耳曼来说，能将梅西招入球队，是只赚不赔的交易。

8 月 10 日，注定成为一个永载史册的日子。这一天，数百名球迷彻夜在香榭丽舍大街的"大巴黎"专卖店门前排队，只为买到一件 30 号球衣，因为六届金球奖得主、阿根廷球王——梅西将披上巴黎圣日耳曼的 30 号球衣。

在"大巴黎"，10 号已属于内马尔，所以梅西选择了自己刚出道时穿过的 30 号。

梅西加盟巴黎圣日耳曼所带来的轰动和经济效益肉眼可见：加盟"大巴黎"首日，梅西的 30 号球衣销量超过 100 万件，总收入超过 1.2 亿欧元；"大巴黎"新赛季首个主场门票瞬间售罄，仅这一场门票收入就高达 3600 万欧元；梅西加盟的一周时间，"大巴黎"各大平台的官方账号粉丝数暴涨 2000 万。

当然，梅西空降"大巴黎"，也存在着一些问题，譬如，梅西、内马尔和姆巴佩的组合能否兼容？

梅西搭档内马尔和姆巴佩，理论上是这个时代最强的进攻三叉戟，威力堪比当年的"MSN"，梅西与内马尔在巴萨搭档多年，但时过境迁，他们彼此都老了几岁。

姆巴佩是大马长枪的冲击型球员，他的小技术略显粗糙，能否与梅西踢出梅花间竹的细腻配合是个疑问。此外，梅西、内马尔和姆巴佩三人同时在场，球权分配、攻守平衡都存在问题。

三人联袂率领巴黎圣日耳曼出征，在实力悬殊的法甲，还是能势如破竹。但到了欧冠淘汰赛，以上所述的隐患也许就会浮出水面。

渐入佳境

巴黎圣日耳曼急切需要梅西带领球队去夺取心心念念的欧冠冠军，从而登上欧罗巴之巅。没有欧冠那颗明珠，"大巴黎"始终不具备欧洲豪门的底蕴与存在感。

2021年8月30日，巴黎圣日耳曼客场对阵兰斯，梅西替补登场完成法甲首秀。和他一起被换上的埃雷拉赛后开玩笑："我从来没因为换人得到那么多掌声。"那一晚，兰斯奥古斯特德洛纳体育场成为万众膜拜的圣地。

来到新球队，梅西需要一些时间磨合。相比在法甲联赛的慢热，梅西率先打开了欧冠的进球账户：2021年9月29日的欧冠小组赛，巴黎圣日耳曼与曼城强强对话，梅西在第74分钟一路带球至禁区前沿，分球给姆巴佩，后者心领神会地写意一拨，梅西得球后大力抽射破门，收获了代表巴黎圣日耳曼的首粒进球，率队以2比0锁定胜局。

2021年10月20日，巴黎圣日耳曼对阵莱比锡，一度以1比2落后，梅西在第66分钟和第73分钟连入两球，梅开二度之后，率领"大巴黎"完成逆转。

回到法甲，梅西还在继续寻找进球的感觉。2021年10月30日，巴黎圣日耳曼以2比1击败上届冠军里尔，梅西因腿部挫伤而被换下场，赛后诊断为左腿腿筋和膝盖受伤，被迫休战。直到11月13日，梅西才在阿根廷队与乌拉圭队的世界杯预选赛中复出。

2021年11月21日，法甲联赛第14轮，巴黎圣日耳曼主场以3比1击败南特，梅西在踢了6场法甲比赛、3次射中门框后，终于打开法甲的进球账簿。第82分钟，梅西在禁区前传出一脚直塞球，南特球员阿皮亚伸脚一挡，皮球划出一条诡异的彩虹，直挂南特"右上死角，梅西制造出一记"乌龙球"！

第86分钟，姆巴佩助攻，梅西在前场拿球突进，面对南特球员的围堵，梅西横向盘带，

闪出空间之后，在大禁区前沿左脚突施冷箭，皮球直挂球门死角，梅西终于收获了法甲的首粒进球，这个姗姗来迟的进球，也让梅西渐入佳境。

11月28日，巴黎圣日耳曼与圣埃蒂安展开"雪战"。梅西变身指挥官，用3次美妙助攻率领球队以3比1逆转取胜。算上这3次助攻，梅西2021年的助攻总数达到了17次，从2008年至2021年，连续14年助攻数达到了15次以上。

在金球奖颁奖盛典即将来临之际，梅西用"助攻帽子戏法"为自己预热。

七星连珠

Lionel Messi

2020 年，新冠肺炎疫情肆虐全球。当年 7 月，《法国足球》以"缺乏足够的公平竞争环境"为由取消了金球奖的评选，这是该奖项自 1956 年设立以来首次没有获奖者，关于莱万能否打破梅罗统治的话题也随之戛然而止。

进入到 2021 年，金球奖恢复评选，关注度空前高涨，热门候选几度易主。5 月，切尔西登顶欧冠，"蓝军"铁腰坎特多次被提及；7 月，欧洲杯意大利登顶，若日尼奥又成为话题焦点；当然，还有一个人不容忽视，他就是莱万多夫斯基。颁奖仪式之前，波兰锋霸在各项赛事中出场 54 次打进 64 球，场均将近 1.2 个进球的恐怖效率无人能及。

当然，梅西依旧是大热门。他在 2021 年各项赛事出场 56 次，打入 41 球送出 14 次助攻，率领阿根廷夺得美洲杯冠军，填补了生涯荣誉簿的空白。

2021 年 11 月 30 日，金球奖颁奖典礼在巴黎夏特莱剧院举行，"魔兽"德罗巴揭晓最终悬念，梅西继 2009 年、2010 年、2011 年、2012 年、2015 年和 2019 年后，第七次加冕金球奖。七星连珠！前无古人，后也难有来者。

即便是创造历史的荣耀时刻，梅西仍不忘向莱万表达敬意："能够与你竞争很荣幸，每个人都认为你应该得到去年的金球奖，我认为你应该有这样一座奖杯。"

说这番话时，梅西神情严肃、言辞诚恳，全场报以热烈掌声。这一夜，无论场上场下，梅西都是不折不扣的赢家。巴黎作为东道主，别出心裁地让梅西亲手点亮巴黎标志埃菲尔铁塔，这样的安排使得加冕典礼仪式感十足。

2021 年金球奖评选被认为是"五五开"的对决，梅西最终获得 613 分，第二名莱万获得 580 分，彼此仅差 33 分。梅西惊险夺奖，得益于自己的首个美洲杯冠军。

2021 年，梅西在巴萨只拿到一个国王杯，好在他打破宿命，率领阿根廷队拿到美洲杯冠军，并荣膺该赛事的进球王、助攻王兼最佳球员。这相当有说服力的一冠，成为梅西拿下金球奖的最大筹码。

球王贝利第一时间送上祝贺："恭喜梅西，这是对天才球员公平的致敬。7 次了，感谢你！"是的，我们应该感谢梅西，感谢他带来的视觉盛宴。地球已经形成了 45.5 亿年，能与巅峰梅西同处于一个时代，足球迷何其庆幸。

　　两天后，巴黎圣日耳曼与尼斯的赛前，梅西手捧金球奖亮相王子公园球场，46000多名球迷见证了这一历史性时刻，这是巴黎圣日耳曼俱乐部首座金球奖，梅西也成为自1991年帕潘以后首位获得金球奖的法甲球员。

　　接过主持人递来的话筒，梅西表示："在巴黎赢得金球奖很特殊，对我来说这是一种荣誉，希望我们能在这个赛季实现所有的目标。"

进军卡塔尔

Lionel Messi

2021 年 11 月 17 日，卡塔尔世界杯南美区预选赛第 14 轮，梅西伤愈后重回首发，经过 90 分钟鏖战后，阿根廷队与老对手巴西队战成 0 比 0。

半个小时后，另外一场比赛结束，智利队主场以 0 比 2 输给厄瓜多尔队，这样的结果让"潘帕斯雄鹰"提前五轮拿到卡塔尔世界杯入场券。

这将是阿根廷队史第 18 次参加世界杯，也是连续 13 次晋级世界杯。梅西也将迎来他的第 5 次世界杯之旅。对阿根廷国家队和梅西而言，2021 可以说是登峰的一年。

梅西率领阿根廷队先在 7 月的马拉卡纳球场，击败宿敌巴西，夺得队史第十五座美洲杯冠军，之后又在南美区世界杯预选赛中所向披靡。

梅西继续书写蓝白传奇，2021 年 9 月 10 日对阵玻利维亚队，梅西上演"帽子戏法"，超越贝利保持的 77 球纪录，坐拥南美国家队射手王的宝座。

2021 年 10 月 11 日，阿根廷在主场以 3 比 0 完胜乌拉圭，梅西、德保罗和劳塔罗分别打入一球。梅西本场比赛表现出色，他在第 37 分钟一脚吊传，在队友冈萨雷斯的佯攻辅助下，幸运骗过乌拉圭门将直接破门。似乎得到幸运女神眷顾的梅西又策动了阿根廷另外两次得分。这场比赛，阿根廷以 3 球完胜老对手乌拉圭，梅西也在老友苏亚雷斯的面前，打进自己国家队的第 80 粒进球。

最终，阿根廷队以 8 胜 5 平保持不败，首先挺进世界杯。而打进 20 球、只丢 6 球的战果足以提醒世界，那支有实力问鼎大力神杯的"潘帕斯雄鹰"又盘旋而来。

在少帅斯卡洛尼的调教下，一支以梅西为核心，空前团结的"潘帕斯雄鹰"呈现在世人面前，这也让阿根廷球迷对 2022 年卡塔尔世界杯充满了期待。那很可能是梅西国家队生涯的"最后一舞"，也是争夺大力神杯的最后机会。

正如梅西在金球奖颁奖仪式致辞中所说："我真的很想为了新的目标而继续奋斗，我不知道我的职业生涯还有多长时间，但我希望时间尚早，我真的很爱足球，我希望能继续下去。" 34 岁的梅西壮心不已，七星球王，梅西时代仍未结束。

39 冠达成，传奇继续

Lionel Messi

2021 年过去了，对于梅西来说，这是最特别的一年，他经历了人生中最极致的大起大落。在这一年，梅西留下 43 粒进球、18 次助攻的记录。他打破魔咒，率领阿根廷队夺得美洲杯，并在年尾捧起个人第七座金球奖杯。

在这一年，梅西与效力 21 年之久的巴萨挥手作别，留下熠熠生辉的 35 座冠军奖杯。

2021 年 8 月，梅西加盟巴黎圣日耳曼，披上 30 号球衣，与内马尔、姆巴佩一起并肩作战。岁月流转，人生无常，时光来到 2022 年 1 月 2 日，梅西感染新冠病毒的消息一经曝出，顿时牵动全球球迷的心，但好在梅西很快就得以康复。

2022 年 1 月 24 日，巴黎圣日耳曼以 4 比 0 击败兰斯。梅西在感染新冠一个月后复出，并送出一记精彩的间接助攻。2 月 27 日，巴黎圣日耳曼以 3 比 1 击败圣埃蒂安，梅西再为姆巴佩送出两次绝妙助攻。

2022 年 3 月 26 日，世界杯预选赛，阿根廷 3 比 0 大胜委内瑞拉，梅西打进（身披 10 号球衣）的第 700 粒进球。3 月 30 日，阿根廷以 1 比 1 战平厄瓜多尔。自此，世界杯预选赛战罢，梅西率领阿根廷队创下 31 场不败的辉煌战绩，追平队史最长不败纪录。

2022 年 4 月 10 日，巴黎圣日尔曼以 6 比 1 胜克莱蒙，梅西上演助攻"帽子戏法"。

2022 年 4 月 24 日，梅西一脚"世界波"破门，打入本队的唯一进球，凭借此球，巴黎圣日耳曼与朗斯 1 比 1 战平。拿到关键的 1 分后，"大巴黎"提前 4 轮锁定法甲冠军。自此，梅西已夺得 39 个冠军（巴萨 35 冠、阿根廷队 3 冠、巴黎圣日曼 1 冠），其冠军数量遥遥领先其他现役球员。

2021/2021 赛季，梅西在巴黎圣日耳曼位置后移，不再像巴萨时期那样进球如麻（本赛季仅有 4 粒法甲进球），但他凭借精湛的脚法与出众的意识，依然能成为"大巴黎"的进攻核心。本赛季梅西共送出 13 次（联赛）助攻，在法甲助攻榜上名列前茅。

2022 是世界杯年，对于梅西而言，足球就是人生，唯一未竟的事业便是率领阿根廷队捧起大力神杯，夺下人生中最重要的一冠，从而加冕称王。

真正的王者之旅，没有终点，一切都在路上……

踏雪寻梅

影响梅西的那些人

LIONEL MESSI

●文：西贝林 3 / 穆东

爱的陪伴 / 梅西与家人

Lionel Messi

梅西出生在阿根廷罗萨里奥的一个普通的移民家庭，父亲豪尔赫·梅西与母亲塞莉亚·库齐蒂尼均为意大利移民的后裔。在家中，梅西排行老三，有两个哥哥与一个妹妹，分别为罗德里格、马蒂亚斯和玛丽亚·索尔。

随着梅西的声名鹊起，父亲豪尔赫成为爱子的发言人与经纪人，在体育圈子里做得风生水起，而梅西的两个哥哥也沾了弟弟的光，生活得相当优渥。

梅西的母亲塞莉亚十分低调，从不在镜头前抛头露面，只是默默地支持儿子。

梅西有三位爱子，分别是生于 2012 年 11 月 2 日的长子蒂亚戈·梅西、生于 2015 年 9 月 11 日的二儿子马特奥·梅西以及生于 2018 年 3 月 10 日的三儿子西罗·梅西。

梅西在 2012 年最开心的时刻既不是金球奖四连霸的那一日，也不是年度 91 球纪录达成的那一刻，而是他的第一个儿子（蒂亚戈）出生的那一天。

"初为人父的喜悦，要比获得任何一座奖杯更甚。"梅西喜得爱子，情不自禁。

而提到小蒂亚戈，我们就不得不说说他的母亲安东内拉。梅西与安东内拉的爱情故事是令人羡慕的"人生若只如初见"，是一段典型的青梅竹马式恋情。

1996 年，9 岁的梅西还是纽维尔老男孩青训营的一个"小不点"，他和童年玩伴卢卡斯·斯卡利亚一起训练、一起玩耍。斯卡利亚有一个堂妹，叫安东内拉。比梅西只小 1 岁的安东内拉，也经常像个假小子一样混在堂哥斯卡利亚和梅西的"小队伍"里玩耍，那是一段非常纯粹的童年时光。

梅西由于身患生长激素缺乏症，2000 年 13 岁的他身高只有 1.40 米。不过，梅西以出色球技征服了巴萨，对于梅西的病情，巴萨方面也承诺会竭尽全力。于是梅西来到西班牙的巴塞罗那，踏上异国他乡的足球与治病之路。而此时的安东内拉依然留在阿根廷，她和很多阿根廷中产阶级家庭的女孩一样，开始读书求学的旅程。

从西班牙的巴塞罗那到阿根廷的罗萨利昂内尔，遥远的距离、命运的错位，无奈的

●利昂内尔·梅西 / Lionel Messi
●妻子 / 安东内拉·罗库索 / Antonella Rocuzzo
●父亲 / 豪尔赫·梅西 / Jorge Messi
●母亲 / 塞莉亚·库齐蒂尼 / Celia Cuccittini
●大哥 / 罗德里格·梅西 / Rodrigo Messi
●二哥 / 马蒂亚斯·梅西 / Matías Messi
●妹妹 / 玛丽亚·索尔·梅西 / Maria Sol Messi
●大儿子 / 蒂亚戈·梅西 / Thiago Messi
●二儿子 / 马特奥·梅西 / Mateo Messi
●三儿子 / 西罗·梅西 / Ciro Messi

现实让两人再没有频繁见面的机会。童年的誓言、懵懂的情愫，也成为尘封的记忆。

谁能想到，几年后"丘比特神箭"再一次将两个人的心紧密连在一起。

2005 年，安东内拉的一位闺蜜从舞厅出来，被一个醉驾者当场撞死。当时安东内拉很伤心，梅西得知此讯息之后竟然立刻飞回阿根廷陪伴她。这样的暖男行动足以令任何女孩怦然心动，这次见面，也给二人的恋爱之路铺平垫稳。此后，梅西回到巴萨继续他的足球之路，而安东内拉则在阿根廷罗萨里奥国立大学继续学习。

虽然山海相隔，可两情若是长久时，又岂在朝朝暮暮。

2007 年，安东内拉与梅西开始正式交往，而那时 20 岁的梅西也头角峥嵘，已经在西班牙"国家德比"中完成"帽子戏法"。2009 年，初出茅庐的梅西迎来职业生涯的第一次大丰收，帮助巴萨完成"六冠王"伟业。而在阿根廷国家队，梅西成为 10 号战袍的新主人。

到了这一年年底，梅西当选金球先生和世界足球先生，一个新的足坛巨星冉冉升起。

2012 年 6 月 2 号，阿根廷队对阵厄瓜多尔队，随着梅西进球后把足球塞进球衣庆祝，安东内拉怀孕的消息也正式曝光。11 月 2 号，梅西和安东内拉迎来了第一个儿子——蒂亚戈。巧合的是，梅西与 C 罗的生日相差 870 天，小蒂亚戈同样比 C 罗的长子晚 870 天来到这个世界。冥冥中似乎有种天意，要让"绝代双骄"的下一代共同书写新的传奇。

从此，安东内拉经常带着孩子一起，到球场为梅西加油助威。梅西的足球生涯大放异彩，可是不管身价多高、拿奖多少，梅西对于安东内拉的感情始终如一，没有比赛的时候，梅西都会尽量多陪伴在安东内拉和孩子身边，享受一家人的幸福时光。

2017 年，梅西与安东内拉回到家乡罗萨里奥补办了婚礼，此时两人已相识 21 年。这对青梅竹马的恋人，辗转数年、相隔万里，终于走到一起，如今携手一生的故事已经成了足坛佳话。没有什么轰轰烈烈的爱情故事，却有着相濡以沫的细腻温情。

在那场世纪婚礼上，梅西说："我所有的荣誉都比不过喜欢她的 21 年。"

绝代双骄 / 梅西与 C 罗   Lionel Messi

　　梅西与 C 罗，他们是针锋相对、难分伯仲的天生敌手，也是彼此成就、相互激励的一生知己。纵观世界足坛历史，再也找不到第二对如梅西和 C 罗这般的宿敌。

　　一个是轻灵俊逸的潘帕斯男孩，一个是疾行如风的葡萄牙少年，跨越时间的长河，在岁月的洗涤与淬炼下，都成长为了彼此眼中的"最强者"。

　　2006 年德国世界杯，全世界的目光都聚焦在这对天才新星身上。两年前的欧洲杯，19 岁的 C 罗就已横空出世、震惊世界，而 17 岁的梅西也完成了巴萨一线队的首次亮相，并如旋风般席卷西甲赛场，"绝代双骄"的故事就此上演。

　　此后的故事，我们不再陌生。2007 年，梅西和 C 罗都在各自的国家队与俱乐部中表现优异，在世界足球先生的评选中，二人分列卡卡的两侧，青涩的笑脸均流露着对那座奖杯的渴望。C 罗说他总会成为世界足球先生，梅西也表示拿到金球奖是毕生的梦想。

　　同样的好胜心，驱使着两位"天选之子"在此后十年间的较量。2008 年，C 罗在曼联单赛季打入 42 球，包揽金球奖与世界足球先生。2009 年，梅西在巴萨"六冠王"的征程中所向披靡，当之无愧地加冕双料先生。从 2008 年到 2017 年，整整十年，金球奖被"绝代双骄"所垄断，梅西与 C 罗各拿五次，平分秋色。

　　2009 年 C 罗加盟皇马，迎来了与梅西更多西甲交锋的机会，皇马与巴萨这对世纪死敌，也在"绝代双骄"的带领下上演了许多脍炙人口的经典对决。从西甲联赛到国王杯，从西班牙超级杯到欧洲冠军联赛，二人在进球数据 PK 之外，也从带队能力、荣誉战绩等方面展开长足的较量，"绝代双骄"十年角逐成为世界足坛一道绝佳风景线。

　　梅西有年度进 91 球和第二次"三冠王"的神话，C 罗则率领皇马实现了改制后的首个欧冠三连冠。如今，梅西已远赴巴黎，C 罗重回"梦剧场"，他们也鲜有正面对决的机会，"梅罗"也似乎都离巅峰渐行渐远，但"绝代双骄"曾经的 36 次直接对话，梅西（进 22 球）VS C 罗（进 21 球）的每个瞬间，都成为不朽的经典。

　　梅西与 C 罗，他们是一时瑜亮的半生之敌，更是一生知己的足坛楷模。

神的传承 / 马拉多纳与梅西

Lionel Messi

马拉多纳就是所有阿根廷球迷心中的神，他缔造的那些绿茵传奇，影响着一代又一代的潘帕斯足球少年。从奥尔特加、贝隆、艾马尔、里克尔梅，到特维斯、阿圭罗，阿根廷一直都在寻找迭戈的接班人，直到梅西的出现。

梅西横空出世，开创了属于自己的时代，在阿根廷人来看，他才是马拉多纳的传人。

马拉多纳钦点梅西为接班人，梅西也视迭戈为一生榜样。虽然梅西的成功离不开拉玛西亚青训营，离不开悉心培养他的巴萨，但他骨子里流淌着阿根廷足球的血液。

马拉多纳对梅西从不吝惜溢美之词，他曾经说过："梅西是这个时代的我！"

2005年梅西闪耀荷兰世青赛，率领阿根廷最终捧杯，并荣膺最佳球员，成为马拉多纳之后最成功的阿根廷球员。2010年世界杯赛，马拉多纳与梅西二人师徒携手，率领阿根廷队远征南非，但最终球队折戟沉沙，留下一段不太成功的合作记忆。

虽然梅西复制过马拉多纳"过关斩将"和"上帝之手"两大经典，二人又身高相近，均是不世出的足球天才，但二人还是有很多的不同。马拉多纳性格张扬、霸气，一副号令群雄的王者风范，而梅西低调、内敛，更习惯以绝对实力来引领队友前进。

尽管梅西率领巴萨纵横寰宇，开创了属于自己的王者时代，但他在阿根廷队的范畴，依然没有摆脱"马拉多纳标签"，唯有率队夺得世界杯，梅西才有资格让阿根廷人民淡忘马拉多纳，重塑一个梅西式的阿根廷足球传奇。

2020年11月25日，一代球王马拉多纳骤然离世，梅西第一时间发出悼念，"再见传奇"。11月30日，巴萨在主场击败奥萨苏纳，进球后的梅西脱下巴萨战袍，露出纽维尔老男孩的球衣（马拉多纳曾效力过的球队），并双手指天致敬天堂中的迭戈。

马拉多纳逝世一周年之后，2021年11月25日，已是巴黎圣日耳曼球员的梅西发文"永远的迭戈"来悼念，并晒出自己身穿阿根廷球衣的照片，胸口处印有"1960—永恒"的图案，以此来怀念马拉多纳……

马拉多纳虽然离去，但我们相信：梅西一定会完成老球王的遗志，率领阿根廷重返世界之巅，夺得大力神杯，并超越迭戈，重塑潘帕斯足球的新传奇……

亦师亦友 / 罗纳尔迪尼奥与梅西

Lionel Messi

　　绝代天才之间也许有强大磁场，令彼此惺惺相惜。梅西与罗纳尔迪尼奥，就是如此。他们翻越了阿根廷与巴西球员之间的芥蒂之墙，成就了一段亦师亦友的足坛佳话。

　　天赋异禀的梅西初出茅庐便名动天下，和年轻时的罗纳尔迪尼奥极为相似，两人球感出众，脚法细腻，都对盘带有着过于偏执的狂热。

　　2004 年，梅西在青葱岁月中幸运地遇到罗纳尔迪尼奥，虽然后者当时是如日中天的巴萨核心，但在场上他却能无私地给梅西创造机会，阿根廷人在巴萨成年队的首粒入球，就是由小罗挑传助攻的。而这样的场面，在此后的四年里屡见不鲜。罗纳尔迪尼奥作为

梅西的大哥，给了他细心的关怀与照顾，丝毫不介意这位小弟未来能否威胁其地位。

在足球世界里，阿根廷和巴西是多年的宿敌。几十年来，"南美双雄"彼此对立，互不相让。在这种恩怨的衬托下，梅西和小罗的友情才显得难能可贵。

"梅西与我之间的配合很有感觉，他是我永远的小弟，从第一天看到他，我就知道他将创造历史。"小罗在谈及梅西时，眼神里总是闪烁着自豪与激动的光芒。

梅西则不止一次表达了自己对小罗的感激和崇敬，即便功成名就，梅西依然心怀感激之情："在我刚进入一线队时，信心不足，罗纳尔迪尼奥给我太多的鼓励，并在技术上倾囊相授。"在梅西眼中，小罗是他的良师益友，永远的好大哥。

从 2004 年到 2008 年，梅西与小罗一起率领巴萨，夺得两次西甲联赛冠军和一次欧冠冠军杯，并开启了一段梦幻传奇。梅西、小罗与埃托奥的"三叉戟"组合可谓无坚不摧。

2007/2008 赛季结束后，随着小罗离开巴萨加盟 AC 米兰，梅西与这位巴西大哥的合作戛然而止，但他们亦师亦友的友情岁月却地久天长。

2018 年 1 月，罗纳尔迪尼奥宣布退役，梅西在个人平台上贴出了一张他和小罗在巴萨训练场上的照片，配文道："很幸运能遇到您，除了现象级的球技之外，您是一个很好的人，我在您的身边受益良多，非常高兴能与您一起分享这么多的美好瞬间。即便离开了，足球也不会忘记您的微笑，祝一切顺利，罗尼。"

 独步天下 梅 西 传

师徒情深 / 瓜迪奥拉与梅西

Lionel Messi

梅西与瓜迪奥拉在巴萨合作了 4 个赛季，他们彼此成就了更好的自己。

13 个冠军，以及梅西一年一座的金球奖杯，都在印证着这对师徒的往日辉煌。

2012 年，瓜帅离开巴萨，之后在师徒二人分开的 9 年里，瓜迪奥拉始终无缘欧冠冠军奖杯，而梅西获得的荣誉也随之减少，彼此都难再现往日的辉煌。

梅西堪称瓜迪奥拉的最大杰作，同时也是唯一能让瓜帅做出妥协的球员。

2012 年 4 月 28 日，带领巴萨完成"六冠王"伟业，三年内勇夺十三座冠军奖杯的巴萨主帅瓜迪奥拉宣布，在赛季结束后辞去主教练一职。作为瓜帅时代最耀眼的明星，梅西并没有出现在发布会现场，而是通过个人平台表达了对瓜帅离去的不舍。

2008 年夏天，将梅西从二线队一手提拔到一线队的荷兰名帅里杰卡尔德引咎辞职，瓜迪奥拉接手巴塞罗那。从那一刻起，梅西的命运便发生转折，他穿上巴萨的 10 号球衣，正式成为这支球队的核心球员，瓜迪奥拉上任后便给予了梅西足够的信任，一切战术围绕着这位阿根廷巨星展开。经过一个赛季的磨合和锤炼，巴萨在 2009 年达到了俱乐部历史上的巅峰，完成了"六冠王"伟业。

从 2009 到 2011 的三年里，梅西完成金球奖三连霸，并率领巴萨完成西甲三连冠，两夺欧冠冠军，大大小小的冠军拿到了 13 个，开创了前所未有的盛世。然而，在这一切辉煌的背后，都是瓜迪奥拉默默的付出和支持。

瓜帅深爱梅西，为此确立其战术核心地位，不惜得罪埃托奥和伊布。有人说瓜迪奥拉和梅西是"将帅合一"的楷模，二人合作四年所取得的一切，都足以永载史册。

对瓜迪奥拉来说，梅西就像他的爱子。正是这种超越师徒情谊的亲情才成就了伟大的成就。在梅西职业生涯的成长期，离不开瓜迪奥拉孜孜不倦的培养和信任。

2020 年夏天，梅西公开寻求离开巴萨，作为曼城主帅的瓜迪奥拉积极寻求交易的方式，师徒二人有望再续前缘。可惜，当巴萨表明只有走上法庭才可能让梅西激活脱身条款的立场后，曼城高层决定，不要撕破脸，去做偷走巴萨历史最佳球员的坏人。

梅西与瓜迪奥拉就这样擦肩而过，无法再续师徒之缘。

王炸友情 / 梅西与苏亚雷斯

Lionel Messi

很难想象，一个谦逊低调、沉稳内敛的老好人，会和性情乖张、争议缠身的坏小子成为私交甚笃的好友。苏亚雷斯，这个一度被媒体和球迷抛弃的球场恶霸，在诺坎普球场找回了久违的激情，更收获了无数等身的荣耀。而成就乌拉圭巨星的，除了巴萨教练组的绝对信任之外，更重要的是好兄弟梅西的支持。

"我刚到巴萨时，听说利昂内尔是个'球霸'，有人叫我小心他，有人甚至起哄说梅西跟其他前锋不来电。"苏亚雷斯说，"但显然这些'友情提示'都是无稽之谈，梅西是我遇到过的最好的队友。"苏牙与梅西，几乎没有经历任何磨合与阵痛，他们联手的第一个赛季，就是巴萨荡气回肠的三冠王，没有比这更甜蜜的开局了。

效力巴萨六年间，苏亚雷斯与梅西在场上建立起的默契无与伦比，乌拉圭人顶级的射术与门前嗅觉，全面的身手与场上视野，让他与梅西之间可以生成各种美妙绝伦的化学反应。两人在场上配合精妙，成为所有防守者都难以阻挡的"王炸组合"。

在梅西的鼎力支持下，苏亚雷斯的巴萨生涯几乎就是一部收割史。2015/2016赛季，苏亚雷斯以40个联赛进球加冕西甲联赛最佳射手，生涯第二次获得欧洲金靴。2017年，苏亚雷斯仅用120场就完成巴萨百粒进球的里程碑。

从2014年到2020年，苏亚雷斯代表巴萨出战283场比赛，打进198球，送出109次助攻，成为巴萨队史第三射手，并随队拿到13个冠军奖杯……

而在苏亚雷斯的"助攻"下，六年间，梅西也收获了两座金球奖，并超越盖德·穆勒成为欧洲五大联赛单一联赛射手王……

梅西与苏亚雷斯在场上默契非凡，在场下同样志趣相投，他们是真正亲密无间的好兄弟。在苏亚雷斯离开巴萨加盟马竞之后，同梅西依然保持着联系，"我几乎每天都会和梅西交流，有时候是比赛，有时候是私事，我们的关系和以往一样好。"

相比那些场上黄金拍档、场下形同陌路的球星组合，梅西与苏亚雷斯演绎了什么才是真正意义上的足坛"友情岁月"。

 亦敌亦友 / 梅西与内马尔

Lionel Messi

　　阿根廷与巴西之间有着绵延百年的足球恩怨，但作为两国的当家巨星，梅西与内马尔却没有"仇人见面分外眼红"，有的只是场上并肩作战、场下无话不谈的兄弟情。

　　2013 年，内马尔登陆诺坎普，梅西就像当年小罗照顾他一样照顾着这位巴西小弟。他们不仅在场上默契无间，在场下也经常一起吃饭、训练，可谓形影不离。

　　梅西与内马尔在巴萨合作仅四年，却率队赢下 10 个冠军。梅西说："内马尔会成为世界最佳球员，因为他有这个能力和品质，我很高兴能与他搭档。"

　　梅西与内马尔的关系，远没有他与苏亚雷斯之间简单（毕竟同龄人），内马尔作为巴萨在 2013 年重金挖来的"梅西接班人"，在与梅西合作的过程中，心境颇为复杂：他既要追随老大哥左右攻城拔寨，也不能掩盖自己对领袖位置的野心。内马尔虽然对梅西充满崇敬与爱戴，但他不甘心久居人下。当内马尔发现梅西在巴萨的地位无可撼动时，

在 2017 年毅然选择了远走高飞。

"这些年能与你并肩作战是我的荣幸，祝福你在新里程中好运！"梅西在社交媒体上说出了对内马尔远赴巴黎的寄语。在他心中，那个才华横溢的桑巴少年，永远是自己的好兄弟。江湖路远，兄弟再见。

2021 年 7 月 11 日，梅西与内马尔分别率队在美洲杯决赛展开对决。在这之前，梅西已收获 4 粒进球、5 次助攻，内马尔收获 2 粒进球、3 次助攻，二人共同当选 2021 年美洲杯最佳球员。最终阿根廷队在决赛击败巴西队，梅西获得个人首个美洲杯冠军，将最佳球员奖和最佳射手奖双双收入囊中，力压内马尔成为本届杯赛的最大赢家。而内马尔虽然因梦断巅峰而潸然泪下，但他还是由衷地祝贺了梅西。

2021 年秋天，梅西与巴萨续约无果，内马尔极力促成这位大哥来大巴黎。于是，巴黎王子公园球场迎来梅西与内马尔的再聚首。这一次，34 岁的梅西披上巴黎圣日尔曼的 30 号战袍，站在了 29 岁的内马尔（10 号）的身旁，他们都已不再是当年的模样，但对冠军与胜利的渴望从未改变。

仙履觅踪

梅西三十五大战靴

LIONEL MESSI

01 F50.9 TUNIT Messi

  梅西第一款阿迪达斯专属战靴 F50.9 诞生在 2008/2009 赛季，他第一次穿此款球鞋登场就为巴萨打入俱乐部历史第五千粒西甲联赛进球。此款球鞋的鞋面更薄，创新的鞋舌设计加强了球鞋对于脚的包裹性。此款球鞋的脚后跟橡胶垫设计能减缓冲击，鞋钉也提供了更强的抓地力。

● F50.9 TUNIT MESSI

02 F50i TUNIT Messi

  2009/2010 赛季，巴萨夺得欧冠冠军之后，梅西的第二款专属战靴 F50i 闪亮登场。其后阿迪达斯又为梅西带来限量版"蓝金"配色的 F50i 战靴。梅西的第二款球鞋比第一款拥有更多的独特元素：球鞋由袋鼠皮打造面料，色彩图案设计灵感来自阿根廷国旗的配色以及梅西家乡罗萨里奥。

● F50I TUNIT MESSI "蓝金"

03 F50i TUNIT Messi II

  F50i TUNIT "白蓝金"版是梅西最为难忘的一款战靴，它见证了梅西打破许多纪录和赢得许多头衔。他足登此款战靴，在对阵阿森纳的欧冠比赛中攻入 4 球，并且赢得了个人职业生涯的首个世界足球先生称号。

● F50I TUNIT MESSI "白蓝金"

04 Adizero F50

　　2010 年世界杯前夕，阿迪达斯推出了重量只有 165 克的全新 Adizero F50 战靴，成为梅西征战南非世界杯的利器。

　　世界杯上，比利亚和罗本等球星穿的是黑、黄和红配色的球鞋，只有梅西穿着被我们戏称为"变色龙"的电光紫配色版 Adizero F50，显然这是梅西世界杯的专属配色。

● ADIZERO F50

05 Adizero F50 Messi Ballon D'Or

　　2010/2011 赛季开始前，阿迪达斯为梅西送上了这款金色的 Adizero F50 战靴。球鞋采用简约设计配以尊贵色彩，以此庆祝梅西加冕世界足球先生。阿根廷队对阵西班牙队的国际友谊赛，梅西首次足登此款战靴亮相，只用了 10 分钟的时间就取得了进球，真可谓如虎添翼。

● ADIZERO F50 MESSI BALLON D'OR

06 Adizero F50 Messi Ballon D'Or 2010

　　梅西连续 3 次夺得金球奖之后，阿迪达斯为庆祝这一伟大成就，再次为他推出特别专属版战靴。此战靴延续尊贵的金色并加入白色点缀，还加入了黑色三条杠条纹，展现出一种简约而又不失奢华的设计风格。此款战靴弥足珍贵，梅西仅在巴萨以 4 比 2 赢下皇家贝蒂斯的那场比赛中穿过一次。

● ADIZERO F50 MESSI BALLON D'OR 2010

07 Adizero F50 Messi

　　2012 年，阿迪达斯专门邀请了球迷们为梅西设计新战靴，梅西从其中挑选出最喜欢的一款。在 14200 多个设计稿中，哈维尔·穆勒的作品脱颖而出：白色鞋面加上红黑后跟以及经典的三条杠，再配上黑色鞋底，优雅而又时尚。

　　梅西在对阵马竞的比赛，足登此款战靴梅开二度，率领巴萨以 4 比 1 完胜对手。

● ADIZERO F50 MESSI

08 Adizero F50 Messi Ballon D'Or 2012

梅西实现史无前例的金球奖四连霸，阿迪达斯也奉上其纪念战靴。参考阿根廷国旗，将 4 个金色太阳放于鞋面，每一个太阳都代表着梅西所赢得的一个金球奖。这款球鞋意义非凡，梅西只在国王杯的一场比赛中穿过。

● ADIZERO F50 MESSI BALLON D'OR 2012

09 Adizero F50 Messi 2013 Ⅰ

2013 年，梅西又在自己的履历上增添了浓墨重彩的一笔，他在自然年中取得 91 粒进球的非凡成就足以震古烁今。为纪念这一切，阿迪达斯为梅西推出全新专属球鞋，红白配色，并且首次应用了梅西"M"专属标志的设计灵感。

● ADIZERO F50 MESSI 2013 Ⅰ

10 Adizero F50 Messi 2013 Ⅱ

此款战靴的颜色和图案都充满未来感，阿迪达斯以梅西在球场上所散发的光芒作为灵感，并抓他的灵动瞬间。梅西在巴萨对阵 AC 米兰的欧冠比赛中穿上了这款全新配色的战靴，可惜最终以 1 比 1 平局结束。

● ADIZERO F50 MESSI 2013 Ⅱ

11 Adizero F50 Messi "370"

2014 年 3 月 18 日，梅西以 370 粒进球成为巴萨历史射手王。为庆祝这个时刻，阿迪达斯以巴萨球衣的主色调为设计基准，推出全球限量 370 双的特别版战靴。这 370 双球鞋分别都被赋予了独立编号，代表着梅西的每一粒巴萨进球。

● ADIZERO F50 MESSI "370"

12 Adizero F50 Messi 2014

2014 年初，阿迪达斯推出全新战靴。以纯白作为底色，配上 5 种色彩，寓意来自各方支持梅西的力量汇合，颇有众星捧月的意味。梅西穿着这双战靴在客场攻入曼城一球，并在"国家德比"中上演"帽子戏法"。

● ADIZERO F50 MESSI 2014

13 Adizero F50 Messi"Fighting saint boots"

这是阿迪达斯为梅西征战 2014 年巴西世界杯而特别制作
的战靴。区别于其他球员的是，梅西专属版拥有特殊的图案
以及"阿根廷蓝"。梅西足登此战靴，在阿根廷对阵波黑的
首场比赛中就斩获 1 粒进球，率领球队以 2 比 1 战胜对手。

● ADIZERO F50 MESSI "FIGHTING SAINT BOOTS"

14 Adizero F50 Messi Birthday

梅西在 2014 年巴西世界杯期间度过了自己的 27 岁生日，
阿迪达斯为他送上了特殊的礼物——斗战圣靴。这款特别版
战靴仅制作了 27 双，代表着梅西成长的每一年。遗憾的是，
这款战靴不对外发售，梅西也仅在训练中穿过一次。

● ADIZERO F50 MESSI BIRTHDAY

15 Adizero F50 Messi Blaugrana

这个配色的梅西专属版只为欧冠赛事准备，球鞋上的四
种颜色设计灵感来自巴萨体系，这款战靴还见证了梅西超越
劳尔成为欧冠历史最佳射手的里程碑时刻。

● ADIZERO F50 MESSI BLAUGRANA

16 Adizero F50 Messi Neon orange

阿迪达斯将梅西在巴萨所取得的成就以文字暗纹的形
式放于战靴之上，鞋垫上更是别出心裁地印上"más que un
botín"（不只是一双球鞋）口号，设计灵感显然来自巴萨的
座右铭"不只是一家俱乐部"。

● ADIZERO F50 MESSI NEON ORANGE

17 Adizero F50 Messi Mirosar10

阿迪达斯在 2014 年为梅西设计的最后一款专属球鞋，配
色的设计灵感来自梅西儿时在家乡罗萨里奥参加第一场比赛
时两队的球衣颜色。更特别的是鞋垫上印有一个废置军事基
地的地图，那是梅西儿时和小伙伴经常踢球的场地。

● ADIZERO F50 MESSI MIROSAR10

18 Messi Pibe de Barr10

此款战靴名为 Pibe de Barr10，由梅西故乡罗萨里奥的艺术家伊格纳西奥·瓦伦操刀，将梅西童年时期经常玩耍的街道的涂鸦融入球鞋上，那里是梅西从邻家男孩成长为世界球星的起点。

●ADIZERO F50 MESSI PIBE DE BARR10

19 Messi 15.1 I

2015 年 5 月底，阿迪达斯为梅西推出全新"Messi"系列战靴。球鞋采用了金属蓝作为主色调，点缀黑色和黄色，彰显未来科技感。梅西的 M 标志出现在后跟外侧，此款战靴采用全新超纤与织物网布的搭配，并带有凹纹摩擦，鞋身中后部设置了支撑骨架，可谓科技感十足。

● MESSI 15.1 I

20 Messi 15.1 Ⅱ

2015 年 9 月，阿迪达斯为梅西推出了一款以阿根廷国旗为配色灵感的战靴。鞋面大部分都是白色，仅在鞋面的 Messi FRAME 的后跟支持以及鞋底骨架上使用蓝色。

● MESSI 15.1 Ⅱ

21 Messi 10/10

2015 年 10 月 10 日，阿迪达斯再次推出全球限量 100 双的足球鞋。每一双"Messi 10/10"都是梅西本人穿着的 US8 1/2 码（JP265），并且每一双球鞋都附带一个皮质的限量数字标签。后跟金色的"10 号"代表梅西的球衣号码，而鞋头部分则用黑色印花工艺印制上梅西的个人专属标识。

● Messi 10 /10

22 Messi 15.1

2015 年梅西率领巴萨取得西甲联赛、国王杯、欧冠联赛和欧洲超级杯冠军。11 月 17 日，阿迪达斯推出新配色的 Messi 15.1，为其传奇年份画上完美句号。黑色鞋面在 Messi

● MESSI 15.1

FRAME 部位渐渐融入鞋领至鞋跟的日光红，代表着梅西投入每一场比赛和训练之中的热量与强度。

● MESSI 15.1

23 Messi 15 Platinum

2016 年 1 月，梅西第 5 次捧起金球奖杯，阿迪达斯也跟进推出金球奖特制战靴。鞋面采用珠光白高级真皮制作，用铂金增强球鞋的金属华贵感。球鞋后跟部分的 logo 均用真实铂金制作，而后跟正中间纵向分布 4 颗金色圆点及一颗铂金色圆点，象征梅西获得的 5 座金球奖杯。

● MESSI 15 PLATINUM

24 Messi 16+ Pureagility

2016 年 5 月 20 日，阿迪达斯足球推出梅西的水银系列战靴 Adidas Messi16+ Pureagility。灵感来源于无休止的创新，球鞋的每一个部件都为梅西量身定制，以便于"小跳蚤"用更敏捷、轻灵的动作来征服赛场。

● MESSI16+ PUREAGILITY

25 Messi 16.1 10/10

此款战靴配色使用大面积的绿色，并从鞋面开始向鞋跟渐变成黑紫色。鞋面通过颜色渐变的手法展现出稀有金属般的光泽，电镀大底更是画龙点睛，让整款球鞋看起来更像是外太空的产物。在后跟的位置特别标注 10/10 的标志，预示着 100 双的限量，每一双球鞋都有独一无二的吊牌。

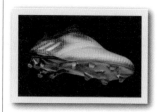

● MESSI 16.1 10/10

26 Messi 16.1 Space Dust

此款战靴于 2016 年 10 月推出，被命名为"Spacedust"（宇宙尘埃）。鞋面从黑灰色过渡到鞋底绿色，鞋后跟的阿迪达斯三条杠则为金属银色。鞋身的灰色上有着绿色暗纹，鞋底是完全的绿色。

● MESSI 16.1 SPACEDUST

213

27 Nemeziz 17

全新的 Nemeziz 17 梅西专属球鞋采用浅蓝色搭配白色，蓝白相间的外观清新脱俗，体现出大海的风格，就像浅蓝的海水加上白色的沙滩，给人轻松愉悦的视觉感受。

● MESSI 17

28 Nemeziz Messi 17+360 Agility

这款战靴的鞋身以黑色为主，在黑色的映衬下，荧光绿色的 Messi 和专属 logo 的图案显得异常明显。这款战靴没有鞋带，采用 360 度绷带设计更好锁定球员的脚踝部位，使得球鞋可以更好地辅助球员在赛场上自由驰骋。

● NEMEZIZ MESSI 17+360 AGILITY

29 Nemeziz Messi 17+360 Agility Ⅱ

凭借着梅西的"帽子戏法"，阿根廷队成功进军 2018 俄罗斯世界杯。为此，阿迪达斯也推出全新配色的战靴。此鞋是 Pyro Storm（火焰风暴）配色的变种。全白色的鞋面加入对比明显的 Messi 字样，体现出这款战靴的高贵属性。

● NEMEZIZ MESSI 17+360 AGILITY Ⅱ

30 Nemeziz Messi 18

这款战靴主体采用明亮的荧光绿色，搭配黑色三条杠。沿用上一代的条纹鞋面设计，"Z"字形图案更加富于变化。这款战靴作为阿迪达斯 2018 世界杯"能量模式"系列中的一个主要部分，在俄罗斯世界杯期间闪亮发布。

● NEMEZIZ MESSI 18

31 Nemeziz Messi 19

2019 年 5 月初，阿迪达斯推出 Nemeziz 19 战靴。鞋面利用更宽的 Tension Tape 弹性绑带，并采用层层相叠的包裹形

● NEMEZIZ MESSI 19

式设计，给脚部带来更好的包裹感，并最大限度提升双脚的灵活性与加速能力。

32 Adidas X Speedflow

这款战靴主打的是瞬时加速、敏捷和直觉这三大特性，新增了 AGILITYFRAME 网格结构来包裹足部。在不牺牲轻盈脚感的前提下，力求带来稳定贴合的脚感，帮助球员做到与球鞋"人鞋合一"。

● ADIDAS X SPEEDFLOW

33 Adidas X Speedflow El Retorno

这款战靴的最外层有热熔膜，鞋内侧是 TPU 膜，并且加入了分支脉络，给柔软的鞋身带来稳定支撑和应有的强度。鞋后跟加入热熔膜覆盖，提升了球鞋的包裹性和舒适度，类似黄色笑脸的梅西 logo 也是专属战靴的独特印记。

● ADIDAS X SPEEDFLOW EL RETORNO

34 Adidas X Speedflow+ FG

这款战靴在 2021 年发布，相比上一代，鞋面有所升级，使用超薄 Primeknit 材质搭配覆膜 Mesh 网布，修正了支撑偏弱、耐久不强的缺陷。此鞋舒适度高且功能全面，特别适合中前场攻击型球员，尤其是以速度、技巧见长的球员。

● ADIDAS X SPEEDFLOW+ FG

35 Adidas X Speedflow Messi Unparalleled

梅西转会至巴黎圣日耳曼，全新签名战靴"Unparalleled"（无与伦比）也应运而生。这款战靴由紫色、粉红色与黄色组成，鞋面上充满经典图案格外醒目。鞋面上除了印有"100 Messi"字样外，还带有醒目的荧光绿色 Adidas logo、三条纹以及代表光速的"299792458m/s"字样。

● ADIDAS X SPEEDFLOW MESSI UNPARALLELED

神迹解码

梅西纪录、荣耀、数据榜

LIONEL MESSI